中原记忆丛书

鹤壁

淇水诗源

总主编 **赵素萍**
执行主编 **苏长青**
本册主编 **于 燕**

河南科学技术出版社
·郑州·

图书在版编目（CIP）数据

淇水诗源：鹤壁 / 于燕主编. — 郑州：河南科学技术出版社，2018.9

（记忆中原丛书 / 赵素萍主编）

ISBN 978-7-5349-9185-1

Ⅰ. ①淇… Ⅱ. ①于… Ⅲ. ①文化史－鹤壁 Ⅳ. ①K296.13

中国版本图书馆CIP数据核字（2018）第052158号

出版发行： 河南科学技术出版社

地址：郑州市经五路66号　　邮编：450002

电话：（0371）65737028　65788613

网址：www.hnstp.cn

策划编辑： 李喜婷　汪林中　冯俊杰

责任编辑： 陈海颜

责任校对： 牛艳春

责任印制： 张　巍

书籍设计： 赵　钧

排　　版： 蔡　凤

印　　刷： 河南博雅彩印有限公司

经　　销： 全国新华书店

开　　本： 787 mm × 1092 mm　1/16　**印张：** 13.25　**字数：** 210千字

版　　次： 2018年9月第1版　　2018年9月第1次印刷

定　　价： 99.00元

《淇水诗源——鹤壁》编委会

不忘本来　开创未来

《诗经·小雅·吉日》曰："瞻彼中原，其祁孔有。"

中原，本意为天下至中的原野，后来逐渐演化为泛指黄河中下游地区，也称中土、中州、华夏。在某些特定的语境中，中原又是"中国"的代名词。

中原文化是中原地区、主要是河南省的物质文化和精神文化的总称。中原文化是中华文化的母体和主干，在漫长的中国历史中长期居于正统主流地位，中原文化一定程度上代表着中国传统文化。

河南人爱说"中"。一个"中"字，尽显中原文化的正大气象和源远流长。

中原这块沃土，不仅是东亚现代人类的主要起源地，而且自上古时期就形成了发达的农业文明，并率先跨过了"文明的门槛"。

从夏代到北宋的3 000多年间，先后有22个朝代、200多位帝王在河南建都。全国十大古都河南有其四。河南曾长期是全国政治、经济、军事、文化的中心，中国古代创造发明的中心，向全国和世界传播交流文明的中心。

中华文明丰富的文化景观、文化遗存、历史文物、文化典籍和艺术珍品在中原大地比比皆是，使河南如同一座浩瀚的历史博物馆，一本看得见、摸得着的中国历史文化教科书。河南的馆藏文物、国家历史文化名城和全国重点文物保护单位数量，均居全国前列。甲骨文在这里发现，四大发明与河南关系密切，连接东西享誉世界的丝绸之路从这里起步。

水有源、树有根、人有姓。河南是中国姓氏的重要发源地，依人口数量排名的100个大姓中，有70余个起源于河南。中华传统文化通过姓氏家族延续传承，跟随姓氏漂洋过海。"贵姓""仙乡何处"的寻常问候常常引起游子无限的乡思乡愁，也成为近年来河南根亲文化的"重头戏"。

天下名人，中州过半。在《二十四史》中，立传的名人共5 700余人，仅汉、唐、宋、明四个朝代，河南籍名人就达912人。在耳熟能详的文化圣人当中，出生于河南或长期在河南活动的近30位。谋圣姜太公、道圣老子、墨圣墨子、商圣范蠡、医圣张仲景、科圣张衡、字圣许慎、诗圣杜甫、画圣吴道子、律圣朱载堉，等等，都是中华文化发展史上的不朽丰碑。

中原文化门类齐全，博大精深。文学星空，河南人星光璀璨；武术杂技，少林太极称双雄；婚丧嫁娶，人生礼仪在斯；梆弦声里，地方戏风靡大河南北。洋洋洒洒，中原书风千载传承；丹青妙手，河南画苑代有佳作……

中原文化之于中华文化，就内容讲，是最基础、最基本的部分；就特点讲，是最具代表性的部分；就历史发展过程讲，是最具贯穿性的部分；就地域讲，是最具影响力的部分。中原文化具有根源性、原创性、包容性、开放性等诸多特质，开放与包容使得中原文化具有绵绵不绝的生命力与创造力。

中原地处“天地之中”、华夏腹地，九州通衢的独特地理位置决定了中原文化始终处于与外部文化的交流融合当中，这种交流与融合影响到中原文化的方方面面。

早在新石器时代，中原文化便成为推动中国境内各种文化交汇的强大动力，加快了中华文明的进程。

夏、商、周三代是中国历史上的重要时期，其时中原和周边地区交流融合、相互促进，奠定了中华文明形成和发展的基础。汉代，中外贸易频繁，形成了后人熟知的丝绸之路，洛阳成为丝绸之路的东方起点。隋唐时期，洛阳是当时的国际性大都市之一，成为了东西方文化、贸易交流和传播的中心。以开封为中心的北宋文化，以丰厚的底蕴、深邃的思想、恢宏的气势、绚丽的色彩，把中原历史文化推向高峰。唐宋之际，中原文化通过丝绸之路、大运河及海上丝绸之路跨出国门，影响波及亚洲乃至世界。

古往今来，无数中原的思想家，用自己的思考深刻地影响着历史的进程，成为中国思想文化的主干，并对世界文化产生了很大影响。西方许多杰出人物如伏尔泰、狄德罗、托尔斯泰等都曾受到《道德经》的影响。而在中原的腹地嵩山脚下，儒、释、道“三教合流”，经过千百年的融汇发展，儒、释、道三种文化已经深深熔铸在我们民族的生命力、凝聚力和创造力之中。

中华文化革故鼎新、生生不息的生命力，源于中华文化与周边文化持续不断的碰撞和融合。

梁启超先生曾指出，中原的中国经过秦汉一统，成为中国的中国；中国的中国经由与印度、日本等接触，成为亚洲的中国；近世以来，中国进入世界舞台，与欧美竞争，而成为世界的中国。

从世界范围来看，不同文明之间的碰撞与交流成为世界历史发展的主要动力；从中国范围内来看，中原文化与周边文化的互动奠定了中华文化的根基；从中原范围内来看，以嵩山周围为核心的河洛文化与周边文化的融合助推中原文化茁壮成长。

八方风雨会中州。目前河南共有18个省辖市，每个市都有其独特的文化，尤其是一些与外省接壤的省辖市，更是中原文化与周边文化交流碰撞的前沿。南阳的“楚风汉韵”、信阳的“豫风楚韵”久负盛名，三门峡与秦晋文化的交汇，安阳、鹤壁与燕赵文化的融通，濮阳、商丘与齐鲁文化的交融，周口、驻马店与江淮文化的互动，焦作、济源与三晋文化的交流等，都形成了地域文化的独特小环境。这些区域文化之间的开合、融通铸就了中原文化的生命力。

冠八枢而奠中原，得中原者得天下。

中原文化，出彩千年！

习近平总书记提出，让中原更加出彩。

河南在全面建成小康社会的快车道上，始终不忘提升中原文化的整体实力和影响力。从“加快文化资源大省向文化强省跨越”，到“加快建设文化强省”，再到“加快构筑全国重要的文化高地”，这种渐次提升既契合党中央关于强化文化发展的新理念、新思想、新战略，又体现了河南省委对文化建设的高度重视。

从中原崛起到建设经济强省，博大精深的中原文化始终是河南最为倚重的资源之一；从华夏历史文明传承创新区到全球华人精神家园和心灵故乡的打造，中原文化已经、正在，而且还将要以更加丰富多彩的形式、手段被挖掘、整理，传承和创新。

党的十九大报告指出：推动中华优秀传统文化创造性转化、创新性发展，继承革命文化，发展社会主义先进文化，不忘本来、吸收外来、面向未来，更好地构筑中国精神、中国价值、中国力量，为人民提供精神指引。

多年来，依托厚重的中原文化，河南的文史研究、新闻出版、广播影视等部门进行了卓有成效的工作，取得了丰硕的成果。经过充分调研，中共河南省委宣传部决定组织全省各省辖市市委宣传部编纂大型精品文化普及读物“记忆中原”丛书，一套19卷，分为《品读中原》以及18个地市卷。丛书围绕中原文化精华这条主线，选择各地文化经典和精要，系统梳理河南地域文化特色，全面展示中原文化风貌，讲好中原故事，传播中华文化，凝聚中国力量。“记忆中原”丛书作为一种融媒体出版物，融合多种媒体形式，书籍与文创产品并重，文化与旅游资源嫁接，这种创新的出版方式是中原文化更加出彩的一种生动体现，也为中原更加出彩提供精神力量。

天下中原，老家河南。

中原是一座“文化的活态博物馆”。河南堪称全球华人的根亲文化圣地。与其在远处仰望，不如到中原走访。真诚希望读者朋友能从书中感受到中原文化的魅力，更期望朋友们以这套丛书为“路标”，到河南走走，回老家看看。厚重河南欢迎您，壮美中原欢迎您。

“记忆中原”丛书编委会

2018年7月

目录

谈古说今

要事回放

名人扫描

——淇水哺育的杰出人才　31

寻根问祖

古城印象

考古探秘

——淇水造就的文明曙光　93

胜景掠影

——淇水映山光　111

名品荟萃

“非遗”概览

——淇水营造的古老记忆 159

城市名片

——诗河润新城 183

本书音频资源列表

音频故事	来源	页码
鹤壁名称的由来	原创	2
诗经·淇河	原创	6
天赉渠	原创	8
纣王评说	原创	34
许穆夫人	原创	36
子贡救鲁国	原创	39
智圣鬼谷子	原创	42
王越出世	原创	48
王越的放马场	原创	49
烧杂拌儿	原创	78
熟能生巧	原创	79
两朝古都	原创	80
石林镇的小故事	原创	85
大胡村的由来	原创	87
阿斗寨与刘禅	原创	89
郧阳镇·盘石头	原创	112
大石佛的传说	原创	117
大唐药王——孙思邈	原创	132
孙思邈“妙手回春”与“回天乏术”	原创	132

本书视频资源列表

视频	来源	页码
鹤壁城市宣传片	原创	1
远方的家之鹤壁	《远方的家》	2
谁害死了比干	《老梁故事汇》	32
子贡救鲁	《百家讲坛》	39
鬼谷子的传说	《远方的家》	42
牛得草《七品芝麻官》选段	《精彩回放》	60
林	原创	65
于	原创	72
浚县古城	《文化大百科》	77
美食侦探访淇县	《财经频道》	80
鹤栖峭壁 淇水古韵	《远方的家》	112
狼洞神石	《地理中国》	132
淇水鲫鱼养殖技术	《农广天地》	152
淇水河畔 鸟类天堂	《远方的家》	153
黄河古陶	《地理中国》	158
浚县庙会访古风	《文明密码》	161
浚县泥咕咕 技艺传千年	《远方的家》	162
泥咕咕	《文化大百科》	162

谈古说今

——淇水之滨的古韵新风

义方堂上看，窗户翠玲珑。砚里云坛月，席间淇水风。

——[南宋] 文天祥《绿漪堂》

淇水风，说的就是竹子的美好姿态和风韵，原因是淇县北部淇河弯曲处有久负盛名的卫国竹园——淇园。淇园是我国历史上第一座王侯园林，被誉为“华夏第一园”。

如今，淇园已不复存在，但淇水依然清澈而充满诗意地流淌着，而在其岸边，悄然崛起了一座美丽的新城——鹤壁。1957年设立的鹤壁市，虽然还年轻，却承载了淇水数千年的文化底蕴，凝结了两岸儿女代代相传的聪明才智。

走进鹤壁，走近淇水，让我们一起来了解鹤壁名称的由来和鹤壁新区的设立，品读其积厚流光的地方历史，领略其大放光彩的特色文化，欣赏其山明水秀的地理区域环境，认识其得天独厚的自然资源优势，共同感受生态、活力、幸福新鹤壁的快速发展。

鹤壁城市宣传片

鹤山——鹤壁地名发源地

• 仙鹤故乡　三都之城 •

鹤壁鹤壁，鹤栖峭壁。

相传殷帝辛（纣王）建都朝歌后，在城外建了狩猎场、花园和鹿场，并在鹤壁集南山建了放养仙鹤的地方，因仙鹤栖息于此，故南山得名“鹤山”，因“鹤栖南山峭壁”，故城市得名“鹤壁”。

据说东周灵王的太子姬晋曾乘白鹤来到这座山，并待了很长时间，灵王差人来找，所以这座山又被称为“访子山”。如今，山上立有“鹤壁地名发源地”纪念碑。

春秋时，卫懿公喜欢养鹤，可谓如痴如醉，他在宫廷定昌、朝歌西北鹤岭、东西鹤城等处大养仙鹤，并授鹤为官，使其享受俸禄，与鹤形影不离，甚至，将鹤封为“鹤将军”。“爱鹤失众”“老鹤乘轩”等成语典故即源自卫懿公。可见，鹤壁被称为鹤之故乡名不虚传。

但传说总归是传说，据史料记载，“鹤壁”这一地名最早出现在唐代。《鹤壁集镇志》载：“1985年8月27日，鹤壁第六中学基建工地发现一座唐开元二十六年（738）王府君墓，墓志记载主人王仁波殡葬于‘相州西南五十里鹤壁村西北二百步’。”唐时安阳称相州，鹤壁村一带归其所辖。随着当地烧瓷业和采煤业的发展，鹤壁村逐渐成为物资集散中心，至于什么时间正式设镇还有待发现，

鹤壁名称的由来

远方的家之鹤壁

但最迟到金代，鹤壁集村已成为行政区划镇了。《金史》卷二十五《志第六·地理中》有这样的记载：“彰德府……户七万七千二百七十六。县五、镇五……汤阴有牟山、羑水、荡水、通漕、羑里。镇一鹤壁。”《金史》中提到的“县五”指安阳、林虑、汤阴、临漳和辅岩，“镇五”指天禧、永和、丰乐、鹤壁和邺镇。彰德府大体相当于新中国成立后的安阳地区。此段文字表明金代彰德府辖汤阴等五个县和五个镇，鹤壁镇为彰德府的五镇之一，且归汤阴县所辖。1957年，国务院批准在这里建市，鹤壁便成为这座城市的名字。

南山之上的鹤壁地名发源地碑刻

追溯历史，让我们沿着先人的足迹，探寻鹤壁发展变迁的源流，梳理鹤壁文明历史的脉络——

夏朝，鹤壁地域分属冀、兖、豫三州。商朝，属畿内地。春秋时，属卫、晋。战国时，先后属赵、魏。

周敬王十年（前510），卫国在今鹤壁西牟山侧设中牟邑，周威烈王三年（前423），赵国迁都中牟，至周安王十六年（前386）赵敬侯迁都邯郸，历经三代四君，共38年。

西汉初年，置黎阳县（今浚县）、朝歌县（今淇县）、荡阴县。东魏天平元年（534），废荡阴县入邺。隋开皇六年（586），复置荡阴县。隋开皇十六年，改荡阴县为荡源县，治所在故县（今鹤壁市山城区故县）。

唐、宋、元时期，鹤壁地域建置多有变化。黎阳曾为郡、军、府、州治所，朝歌曾为州、郡治所。

明初，置浚县、淇县、汤阴县，分属大名府、卫辉府、彰德府。

民国时期，浚县、淇县、汤阴县属河南省河北道，后改属第三督察专员公署。

中华人民共和国成立后，国家把鹤壁煤田作为建设重点。1957年3月，国务院批准建立鹤壁市。鹤壁市委、市人民委员会机关驻鹤壁集，同年12月迁至中山。1958年12月，安阳专署撤销，鹤壁市曾一度划归新乡专署领导。1959年1月，鹤壁市委、市人民委员会机关由中山迁至大胡红旗街。

1960年10月，经国务院批准，汤阴县划归鹤壁市领导。1961年12月，国务院批准恢复安阳专署，鹤壁市划归安阳专署代管，汤阴县改归安阳专署管辖。同年设山城区、鹤山区，1966年设郊区，2002年郊区更名为淇滨区。1974年1月，河南省委决定，鹤壁市恢复为省辖市。1986年实行市带县体制，浚县、淇县划归鹤壁市管辖。1992年12月，建立鹤壁市淇滨经济技术开发区。1999年，鹤壁市委、市政府由山城区整体搬迁至淇滨区。

鹤壁从《诗经》中一路走来，在汤汤淇河中，滋养出悠久的历史文化，成就了历史上的“三都”，即殷都朝歌、辉煌卫都和赵都中牟。

朝歌，位于鹤壁市淇县，是《封神演义》的发源地。淇县古称“沬邑”，商王武丁最早迁于此，后迁于北蒙（今安阳小屯）；武乙复迁都沬邑；帝辛即位后将“沬”改为“朝歌”，仍袭朝歌为都。朝歌（淇县）作为殷商晚期的帝都，经历了殷王朝最后的兴盛繁华与衰落败亡，留下了数不清的故事，流传至今。

周成王时，周公平定殷商故土的叛乱后，将原来商都周围地区封给康叔，建立卫国，定都于朝歌（今淇县）。卫国在朝歌建都380多年，演绎了一段又一段跌宕起伏的历史，创造了辉煌灿烂的卫文化，对中国传统文化影响深远，奠定了鹤壁地区厚重的历史文化底蕴。

《史记·赵世家》载：“献侯少即位，治中牟。”《史记正义》载：“荡阴县西五十八里，有牟山，盖中牟邑在此山侧也。”1993年，张新斌著文并正式发表《河南鹤壁鹿楼古城为赵都中牟说》，使鹤壁赵都的观点叫响学界。1998年，在张新斌的主持下，河南省社会科学院考古研究所与鹤壁市文物局组成专门的赵都中牟课题组，进行广泛的考古调查。2000年，中国古都学会在鹤壁市举办了“鹤壁赵都与赵文化学术研讨会”，正式确定鹤壁市为历史上的赵都中牟。

中牟作为赵都时间虽短，却是赵国由弱到强、由小到大、由封闭走向开放的关键时期，在赵国的发展史上占据着重要地位。

从远古到现代，鹤壁人民在中原大地上把历史的画卷描绘得五彩斑斓；从历史到现在，鹤壁人民在中原文化记忆里展现了一幕幕鲜活动人的场景：

商王武丁迁都于沫，帝辛改沫邑为朝歌。

周武王兴师伐殷，战于牧野。

殷纣灭，箕子过朝歌目睹昔日王宫残垣断壁一片荒凉，遍地麦黍，悲痛万分，乃作《麦秀歌》。

周公旦封同母弟康叔为卫君，世称卫康叔。

春秋战国时期，鬼谷子王诩隐居云梦山创建“战国军庠”，培养出苏秦、张仪、孙膑、庞涓、毛遂等著名的纵横家，著《鬼谷子》一书。

东汉建武元年（25），为支援刘秀北征燕，河内太守寇恂伐淇园竹，造箭百万。

东汉末期，袁绍与曹操在浚地频繁作战。

后赵皇帝石勒在大伾山建造大石佛。

隋炀帝征百万人开永济渠，经黎阳（今浚县）南引沁水通黄河，北通涿郡（治今北京市西南）。

隋末，翟让、李密率瓦岗农民起义军在黎阳征战多年。

北宋时期，鹤壁制瓷业达鼎盛。

元初，成吉思汗进军中原，途经鹤壁，在黑山立蒙文碑。

明代罗贯中隐居许家沟，著《三国演义》。

明末清初，大儒傅山隐居浚县象山云锦寺，设帐讲学，行医民间。

1914年，淇河缠丝鸭蛋在美国旧金山万国博览会上展出。

1957年鹤壁建市，开启了鹤壁历史的新篇章。

• 淇河文化　魅力无穷 •

淇河，发源于山西省陵川县的崇山峻岭，穿越鹤壁全境汇入卫河，是我国北方未被污染的河流之一，“水影山光，胜过桃源”，被誉为“北方漓江”。

近万年来，淇河书写了灿烂的古代文明，形成了独特的流域文化，即淇河文化。而鹤壁地区的淇河文化既是本地区的特色文化，又是整个淇河文化的重要组成部分。

淇河风光引人入胜，沿岸有秀美多姿的鸡冠山、玄天洞石塔、白龙庙瀑布等。位于淇河之滨的黑山上有金山嘉祐禅寺，为佛教圣地，流传有“白蛇闹许仙”的故事，为戏剧《白蛇传》的源本。许家沟村为淇河优美地段之一，明代著名的小说家、戏剧家罗贯中晚年隐居在这里，完成了巨著《三国演义》。五岩山是大唐药王孙思邈采药、炼丹、隐居和著书处。药王洞全长5 000余米，分上、中、下三层，有“太行第一洞”之称，洞内彩石斑驳，钟乳突兀，千姿百态，光怪陆离。省级文物保护单位东魏石窟，雕刻刀法雄伟苍劲，精美绝伦。

淇河沿岸景色秀丽，古迹荟萃，有仰韶文化遗址、河南龙山文化遗址、花窝村新石器文化遗址、罗贯中隐居处、周文王观景台、许穆夫人垂钓处、白龙庙飞瀑、许沟温泉及被称为“中华大奇观”的火山地幔窗口等自然、人文景观。

淇水诗苑

在漫长的历史进程中，淇河两岸留下了大量的古人类活动遗址。全市列入各级文物保护单位202处，其中国家重点文物保护单位10处、省级文物保护单位30处。由于历史文化厚重，1989年，浚县城和淇县城被命名为河南省历史文化名城。1994年，浚县城又被国务院命名为国家历史文化名城。2008年，浚县被文化部命名为“中国民间文化艺术之乡”。

鹤壁为中华民族重要发祥地之一，文物荟萃。全市现有全国重点文物保护单位3处（10项），省级文物保护单位24处，市县级文物保护单位138处。大赉店新石器时代古文化遗址于1932年被发掘，轰动国内外考古界。大赉店遗址与花窝村遗址隔河相望，为新石器时代早期文化遗址，在豫北首次发现，距今7 000多年，填补了仰韶文化以前新石器时代的历史空白，具有与新郑裴李岗文化和邯郸磁山文化相同的因素。在商故城基上发现卫国城址，证实卫国都城在淇县，也进一步证实朝歌为殷商故都。鹤壁集古瓷窑遗址，有84万平方米之广，为唐、宋、元时期瓷器生产基地，出土的瓷器于1973年在日本展出。刘庄新

诗经·淇河

石器时代仰韶文化遗址，距今约6 000年；辛村西周卫国贵族墓葬区于1932年至1933年经过4次发掘，出土大量珍贵文物，现保存在台北故宫博物院。故县村西发现的战国鹿楼冶铁遗址有99万平方米，出土有铁制农具等。境内有元建明修的玄天洞石塔，系九级重檐平面四角楼阁式建筑，高12米，实属罕见。

淇河文化底蕴深厚，自古备受文人骚客青睐。我国第一部诗歌总集《诗经》中有39篇描写淇水卫地的优美风光和风土人情，“瞻彼淇奥，绿竹猗猗”“淇水滺滺，桧楫松舟。驾言出游，以写我忧”，便是淇河旖旎风光的真实写照。尤其是淇河在青岩绝形成的“天然太极图”，因周文王观此图而演《周易》被称为“太极之源”，从峰顶俯瞰悠悠淇水，峰回路转，碧波荡漾，尽现大自然神韵。

在淇水的滋养下，鹤壁人才济济，名流辈出。商代，微子保宗祀，箕子重社稷，比干笃忠贞，被孔子誉为“三仁”。春秋战国时期，出生于朝歌的中国第一位爱国女诗人许穆夫人，作《竹竿》《泉水》《载驰》诗篇，名垂青史，代代传为佳话。卫国黎人端木赐（子贡）是孔子七十二弟子中的佼佼者，善于辞令和经商，为杰出的外交活动家和商业经营家，曾资助孔子周游列国。战国时，中牟（今鹤壁西）人宁越，努力求学15年而成帝王之师。西汉黎阳人贾护是《左氏春秋》重要传人之一，与经学家、目录学家刘歆并称。隋末唐初，黎阳人王梵志以白话诗著称，开创了唐代通俗诗派的先河，影响至宋。卫县（今浚县卫贤镇）人谢偃善赋，备受唐太宗赏识，世称“李（百药）诗谢赋”。明浚县人王越官至尚书，出将入相，文武双全，赋诗数百篇。总制三边军务，战功赫赫，曾三次率军出塞击败鞑靼，收复河套失地，以军功晋威宁伯。浚县人宋明官至山东巡抚、两浙转运使，清正廉明，人称“铁宋”。浚县人文学家卢枏诗文情切，超凡脱俗，备受推崇。淇县人孙征兰被称为“书林之秀”。清时，淇县人高遐昌为官仗义清廉，著《掖垣奏议》《菉园文集》。鹤壁的近现代名人荟萃，闪耀中原星空。

淇河文化影响深远，辐射全国。尤其是近20年来，在鹤壁市召开各类学术研讨会有数十次之多，其中不乏国内外顶级学术水平的高层论坛，取得了多项重大研究成果。

在新区建设中，鹤壁市利用淇河水资

源扩建水面、建造公园、改善生态和人居环境，投入大量财力、物力，实施“一河五园”工程：在淇河上修建5道拦河坝，营造出长10多公里、最宽处300多米、面积126万平方米、蓄水280万立方米的河段，成为靓丽的城市景观；在两岸建设淇河国家湿地公园、淇河森林公园、淇水诗苑、淇水乐园、淇河生态公园，把淇河打造成历史文化与现代文明融合的自然生态廊道，不仅丰富了淇河文化，更使淇河文化渗透到每个鹤城儿女的日常生活中。

【知识链接】

袁世凯与鹤壁天赉渠

袁世凯任“中华民国”大总统后，为恩泽“乡里”（袁世凯曾隐居安阳洹上），起意修复安阳天平渠。

天赉渠首

袁世凯重臣徐世昌认为淇河底坚流清，不易淤垫，引淇水灌溉更为便利，建议引淇开渠。袁世凯让徐世昌与通晓水利的谢仲琴商议。谢考察淇河实况后认为可行，袁世凯、徐世昌决定开渠引淇水灌溉。1915年春，徐世昌、张镇芳各出银圆6 000元，袁世凯资助银圆46 400元，由谢仲琴为总设计师并负责施工，渠全长20余里。1917年春，正式竣工。1919年开始放水，时受益面积5万余亩。徐世昌在《天赉渠记》中记述了当时的施工情况：“大赉店西南有坐湾，水湍激，阜高二十六尺，长三百尺弱，横大赉店前可二里，掘地八尺多，石渠之工于是为大。再东岸高十尺，易工作。去岸八里，地益平衍，又南流至钜桥镇西，又十里马公堂寨，复北，旋西折，复入于淇渠。”因渠源自淇河，位于淇河西出太行后折向南拐弯处的大赉店村，取“周有大赉”（语出《论语》）之意，且与安阳天平渠排列，故名曰“天赉渠”。

天赉渠

• 因煤设市　活力新城 •

这是一个古老的地方，也是一座新兴的城市。说她古老，是因为她是中华民族重要发祥地之一，考古发现的鹤壁花窝村新石器时代早期原始聚落遗址，距今7 000多年，是鹤壁境内最早的远古时代遗存。说她年轻，是因为她因煤建市，1957年3月26日，国务院第四十三次全体会议通过了建立鹤壁市的决定，一座以煤炭生产为主的工业城市诞生在豫北大地。如今走过了60年辉煌岁月的鹤壁，已成长为一座现代化、外向型、多功能的花园城市和宜居城市。

鹤壁市位于河南省北部，太行山东麓和华北平原的过渡地带，辖浚县、淇县、山城区、鹤山区、淇滨区和经济技术开发区，总面积2 182平方公里，其中市区面积513平方公里，全市共有31个民族，总人口163万。国槐为市树，迎春花为市花。

因煤而立的鹤壁，曾经因煤而兴，煤炭资源丰富，是我国重点煤炭基地之一，累积探明储量16亿吨，保有储量8.4亿吨，含煤面积600平方公里。煤质以瘦煤为主，是低灰、低硫、高发热量的优质动力煤和炼焦配煤。鼎盛时期，鹤壁煤业建有11个矿区，从业人数约5.4万，产值占鹤壁市的一半左右，是鹤壁市的支柱产业。

鹤壁采煤历史悠久。东汉时就有夏馥“入林虑山中，隐匿姓名，为治家佣，

鹤壁新区

亲突烟炭”的记载。唐代起，鹤壁集瓷窑兴旺，河两岸密如繁星，有“四十五里烧造坡”的美誉。在鹤壁集瓷窑遗址的发掘中，发现有成堆的烧窑燃料——煤块。但是，鹤壁煤炭真正的大规模开采是在宋代。宋代采煤遗址位于鹤壁市鹤山区鹤壁集镇古娄河村。采煤遗址的规模为当时较大型煤矿，能容百人之众。古人已掌握了先进的采煤和排水技术，就当时的科学条件来说，极具代表性。

虽然早在1895年安阳蒋村人马吉森就创办了鹤壁第一家机械开采的现代煤矿“时利和煤矿”，随后相继有宝善、新记、华昌、怡和等煤矿兴起。而鹤壁煤业的大规模开发，还是在中华人民共和国成立后。1957年，鹤壁以煤立市，全市人民短短几个月，在井筒建设、巷道掘进、地质勘探和采煤技术革新等方面，接连创下了全国煤炭系统15项新纪录。1958年，为了支援鹤壁建设，从全国各地汇聚的煤炭大军再接再厉，又创下了74项全国新纪录，成为全国煤炭战线的一面旗帜。1960年，郭沫若赋《西江月》词一首：“鹤壁蒸蒸日上，乌金滚滚汪洋。协同钢铁与棉粮，高举红旗迈往！十载山乡巨变，更将跃进加强。劲头鼓足红满堂，烧尽右倾思想。”这首《西江月》分别镌刻在鹤壁山城区的枫岭公园和淇滨区的淇水诗苑内，成为一个历史传奇。

鹤壁因煤而建，这是特殊时期特殊阶段产城互动的一种方式，也是地方政府支持国有企业发展的一种战略布局。在鹤壁60年的发展历程中，鹤煤一直处于举足轻重的地位，两方一直保持着同根同源、共生共荣、相互促进的良好关系。在以后相当长的一段时期，鹤煤依然是鹤壁社会生活的重要组成部分。

依赖资源开采的鹤壁城市，也不得不三次随着煤炭资源的开采而迁移。然而，单一的经济发展模式，让鹤壁的经济发展过度依赖单一资源，经济发展如何突破束缚，实现产业与城市发展的转型，以循环经济发展为新的突破点，走资源开采与食品工业并重，拉长产业链条，成为鹤壁经济发展新的战略抉择。

进入新世纪，鹤壁人民紧抓国家促进中部地区崛起和河南省构建中原城市群的重大历史机遇，进一步强化产业支撑，完善城市功能，高品位建设，精细化管理，城市布局精妙、规划科学，楼宇广建，道路宽阔，绿树成荫，绿草成坪，三季有花，四季常青，入夜灯火辉煌，流光溢

【知识链接】

桃花水母

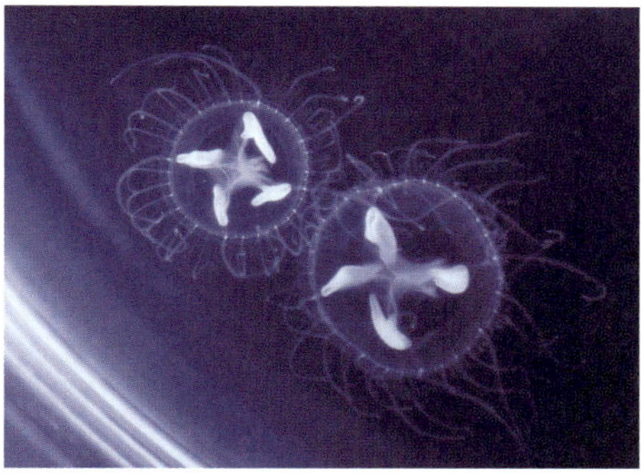

桃花水母

桃花水母，又称“桃花鱼”，有“水中大熊猫”之称。桃花水母生长于温带淡水中，状如桃花，并多在早春桃花盛开季节出现。桃花水母是一类濒临绝迹、古老而珍稀的腔肠动物，已有至少6亿年的生存历史，是地球上最低等级生物之一，属于世界保护级别最高的“极危生物”，是中国保护动物红色目录中的一级保护动物，是名副其实的“活化石”，具有极高的研究价值和观赏价值。

2011年7月，桃花水母首次出现在鹤壁盘石头水库，后又连续多年出现在该水库，这种现象在国内比较少见。该现象表明，盘石头水库的生态环境适合桃花水母在这里安家落户。数据显示，盘石头水库水质常年保持在国家地表水环境质量Ⅱ类标准以上（27项监测指标中，有26项达到Ⅰ类标准）。

彩，成为中原大地上的一颗璀璨夺目的明珠。

鹤壁市境内自然资源丰富，属中国国家能源重化工基地和黄淮海平原农业综合开发区。矿产资源具有地域组合良好、品位高、易开发等特点。已探明的矿藏主要有煤炭、瓦斯、水泥黏土、水泥灰岩、玄武岩、白云岩等30多种。瓦斯总储量为620亿立方米，金属镁的主要原料白云岩约10亿吨，水泥灰岩矿床储量为50亿吨。

鹤壁市土地肥沃，是全国优质小麦生产基地，浚单系列品种是全国优质玉米品种。动植物资源丰富，全市有高等植物800余种，常见的动物有200多种。物产甚多，著名的“淇河三珍”（淇河鲫鱼、缠丝鸭蛋和冬凌草）为历代贡品，享誉中原。

鹤壁市四季分明，光照充足，属暖温带半湿润型季风气候，温差较大。春季多风少雨，夏季炎热湿润，秋季秋高气爽，冬季寒冷多雾。鹤壁市空气环境质量达标率在98%以上，饮用水源地水质达标率为100%。

鹤壁市旅游资源丰厚，有“一河（淇河）、两城（浚县国家历史文化名城、淇县朝歌古城）、三山（大伾山、云梦山、五岩山）”。2004年鹤壁市被国家命名为

"中国优秀旅游城市"。

改革开放以来，鹤壁市经济建设和各项社会事业不断发展，人均畜牧业产值及肉、蛋、奶产量四项指标连续15年位居河南省18省辖市之首。畜牧业产值与加工产值的比例、畜牧业产值占农业总产值的比重两项指标居全国前列，被确定为中国"国家食品安全综合示范区"，为中国小麦和畜产品生产加工提供从源头到终端的质量安全保障。工业生产独具特色，已初步形成了煤炭、电力、水泥、金属镁和食品加工等五大循环产业链，被国家列为"循环经济试点市"。三大产业基地建设成效显著，已形成规模和特色。第三产业快速发展。目前，鹤壁市已成为中国北方地区重要的煤炭基地、火力发电基地、新型干法水泥生产基地、金属镁生产加工基地、优质畜产品生产加工和出口创汇基地、优质小麦生产基地。目前，全市已有国内外客商投资企业200多家。2008年，鹤壁市宝山循环经济产业集聚区成为省定首批重点建设的产业集聚区，也是河南省唯一的循环经济产业集聚区，重点发展"煤、电、化、材"和金属镁冶炼产业链条。

中国优秀旅游城市——鹤壁

鹤壁市正按照基础设施建设适度超前的原则，增强新区的载体功能和服务能力，营造最适宜人类居住和创业的城市环境，并获得"中国人居环境范例奖"，被国家列为"全国建筑节能示范市"。如今，昔日淇水之滨的一片旷野，已被风格迥异的楼宇、纵横交错的道路、鳞次栉比的厂房、芳香四溢的花园所取代，这里已经发展成为一座规划合理、功能完善、环境优美、产业先进的现代化新城区，成为区域经济最具活力、发展最快的增长源，展现出生机勃勃的美好前景。

承载着厚重的历史，展望着美好的未来。太行叠翠，淇水欢腾，科学发展，社会和谐，160余万鹤壁人民，有灵巧的诗心，更有勤劳的慧手，他们用日月作线，用生命作针，捧都会文化的底蕴，满怀豪情地编织着美丽的家园，正朝着"发展大工业，建设大城市"的战略构想奋力迈进。

要事回放

——淇水流出的历史长河

朝发淇水南，将寻北燕路。魏家旧城阙，寥落无人住。

——[唐]孟云卿《邺城怀古》

“早晨从淇水南出发向北燕方向一路行进，路过魏家城阙时，满目荒凉，一派衰败景象。”

读着这首情调悲凉的唐诗，踩着诗人孟云卿的足迹，看着如今繁华的淇河两岸，真让人感叹。淇水无言，缓缓流过古今，从花窝村原始人磨制石器的文明曙光出现，一代又一代的淇河儿女不断创造着灿烂的文化，续写着精彩的历史。自商王武丁迁都于朝歌（淇县），历经武丁、武乙、帝乙、帝辛四代营造，朝歌开始闻名天下，至今享誉。之后的武王伐纣、卫国风云、赵国建都、白马之战……一件件历史要事，都与鹤壁紧密相关。

让我们翻开历史的长卷，潜心研读淇水两岸的要事，在风云变幻中，用心去感受淇水不变的诗意与风韵、厚重与悠长。

商朝又逢盛世——武丁中兴

武丁

商朝是中国第二个奴隶制王朝。

武丁是商王盘庚的侄子，名昭，在位59年（前1250—前1192），是商朝一位杰出的君王。据文献记载，即位前武丁曾久居民间，砍柴、锄地，同奴隶一起劳动，对百姓的生活和疾苦非常了解。

为了振兴王朝，武丁即位后大力选拔人才，任用奴隶出身的傅说（音悦）为相，赋予他极大的权力和极高的地位，要求傅说随时对自己的过失严加规谏。武丁在以傅说为首，包括甘盘、祖己在内的朝中大臣的协助下，使殷商王朝的国力迅速增强。《史记·殷本纪》记载："武丁修政行德，天下咸欢，殷道复兴。"武丁时期，国力昌盛，不断向周围各方国如土方、鬼方、羌方等征伐。用兵规模日益增大，人数一次多达3万，历时数年。

经过对周边方国、部族的战争，武丁拓展了殷商的版图和势力范围，促进了中原地区与周边部族的经济、文化交流，使殷商成为西起甘肃，东到海滨，北及大漠，南逾江、汉流域，包括众多部族的泱泱大国。"邦畿千里，维民所止，肇域彼四海"。政治、经济、文化达到商代的顶峰，史称"武丁中兴"。

见证历史兴替——朝歌立都

《史记正义》云："沬邑，殷王武丁始都立。"也就是说，武丁最早在沬邑建都，沬邑是朝歌的前身。这时的沬邑可能还不是商朝的固定国都。武丁后来又

朝歌

将都城迁到北蒙（今安阳小屯），商王武乙（前1147—前1113在位）由北蒙迁都于沬。武乙死后，其子文丁迁回殷邑（今安阳小屯）。至商王帝乙（前1101—前1076在位），迁都于沬，加固沬城。沬邑历经三代帝王的修建，依山傍水，设施完备，已具备立都的各种条件。商王帝乙在位26年，在沬城17年，处理重大事务，商的政治中心从殷邑转移至沬（今淇县）。帝乙死，纣王继立。

纣王名辛，纣是其谥号。纣王以城西的朝歌山为名，改沬都为朝歌城，取“喜迎朝阳，吉旦高歌”之意。纣王在朝歌城外扩建了三道城墙，并建成了南北长约3公里，东西宽约2公里，总面积约6平方公里的城池；还营造了约0.6平方公里的禁城，体现了“邦畿千里，坚不可摧”的大国风貌。接着他又在先王宫的基础上扩建了王宫，修造了社稷坛和宗庙，将王城向南扩展了一倍以上，从而显示出朝歌的繁荣和坚固。民间后来有谚云：“纣王的江山，铁桶一般。”

虽然纣王的江山并不因朝歌城的坚固而长久，但朝歌作为国都的历史并未终结。西周封国卫国前期仍在此立都，直至公元前660年迁都。400多年后，西楚霸王项羽封司马卬为殷王，也在朝歌立都。

• 西周定鼎天下——牧野之战 •

帝乙、帝辛时期已是商朝末年。他们不断用兵征伐夷方，经营东南。帝乙时有两次大规模用兵征伐夷方，第一次出兵达260日之久，一直打到淮水一带。帝辛继承帝乙的事业，全力经营东南，继续用兵东夷。由于他经年不息地发动征伐战争，消耗了大量人力、物力，导致内部空虚，加剧了商末的阶级矛盾和统治阶级的内部矛盾。《左传》昭公十一年载："纣克东夷而殒其身。"确切地说，帝辛长期用兵东夷乃是加速商亡的导火线。

这时，商的属国周在西方兴起，国势逐渐强大，商将被周灭掉已成定局。周文王死后，其子姬发继位，是为武王。武王继位第二年，会盟诸侯，观兵于孟津。当时灭商条件尚不成熟，所以没有继续东进而退兵。过了几年，商朝的阶级矛盾和统治阶级的内部矛盾越来越尖锐，在危机四伏的情况下，帝辛又派兵征伐东夷，将商军主力开到东南前线，造成后方空虚。周武王及臣僚们看到伐商的决战时机到来，便联合了各路诸侯，以及庸、蜀、羌、髳、微、卢、彭、濮等方国军队，率战车300乘、虎贲3 000人、甲士45 000人，向商都进军。于武王十二年（前

【知识链接】

孟津观兵

周武王姬发继位之后，遂将军队指挥体制进行了调整。继位后的第九年，周武王在父亲文王墓前举行了隆重的祭祀典仪，下令将文王的木主牌位用车载着，行进时供在中军帐内，宣称是奉文王之命率六师军队东进至孟津（今孟津东北、孟州西南）黄河渡口，会盟各诸侯，检阅实兵。相传八百家诸侯不期而至。众诸侯拥武王为盟主，结成联合灭商阵线。前来会盟的八百诸侯，一致要求即刻伐纣，但武王却以"尔未知天命"为借口，班师回朝。

周武王深通文韬武略，并非笃信天命。他会盟之后还师，是觉得伐纣的时机尚未成熟。《史记·齐太公世家》说武王"东伐以观诸侯集否"，此一语道破天机。原来周武王大会诸侯于孟津的目的，在于试探自己的号召灵不灵，各诸侯国的军队能不能按时到齐。真正要去伐纣，武王觉得准备条件还不充足，况且商仍有相当实力，朝歌城内情况不明，所以需要再等待一下。

1046）二月向商都发起猛烈进攻，双方会战于牧野（今淇县西南）。商军在阵前纷纷倒戈，引导周军攻入商都朝歌，帝辛逃到鹿台自焚而死，商朝灭亡。

• 卫国杰出始祖——康叔治卫 •

康姓始祖——康叔

周成王年幼继位，周公摄政。管叔、蔡叔不服，与纣王的儿子武庚作乱。周公兴师伐殷，杀武庚、管叔，放蔡叔，并将原朝歌周围地区和七族殷遗民划为卫国，封康叔为卫君，建都于“河淇间故商墟”，即朝歌。

康叔，姓姬，名封，武王的少弟。原封于康（今许昌禹州西北），故称康叔。

在康叔到任之前，周公以成王命在镐京为康叔举行了授土授民仪式，史称“授土于周室”。又考虑到康叔年少，治国经验不足，即作《康诰》授之。并再三嘱咐：“必须寻访殷地的贤人、君子、长者，问其殷所以兴，所以亡。”教导鼓励他：“对一般贫民要宽厚，行使文王的裕民政治，不要枉法杀人……”康叔听了周公的谆谆告诫，信心十足，到了封国后，按照这些教导去安抚、团结百姓，百姓们都非常高兴。

由于康叔善于协调周与殷遗民的关系，和集其民，民大悦，卫国很快出现“各业兴旺”之局面，成为西周最大的侯邑之国。后来成王掌握政事，推举康叔为司寇，赐给卫国宝物、祭器，以表彰他的功德。

康叔为卫国始祖，因在位期间施行德政，影响其后人，卫国也出现了不少贤臣良将。

康叔之后，卫武公在位55年，修明

康叔所奠立的政治规范，建立规模宏大的淇园，严于律己，体贴臣民。卫国政通人和，各业兴旺。

赵国走向中原——赵都中牟

公元前425年，赵国国君襄子去世，赵浣（献侯）年少继位，赵国从晋阳（今山西太原西南）迁都到中牟（今鹤壁市境内）。第二年，襄子的弟弟桓子（赵嘉）驱逐献侯，自立为国君，仅在位一年。桓子死后，国人以“桓子自立为国君，不符合襄子的意图”为由，于是一起杀掉桓子的儿子，在中牟重新拥立献侯为国君。赵献侯在位15年（前423—前409）。其后的赵烈侯（赵籍）在位22年（前408—前387），国都仍设在中牟。

赵献侯迁都中牟的原因：一是中牟北靠太行山，面向中原，以古鹤壁地区为发展之地；二是牟山、淇河、汤河形成丘陵环抱的小盆地，土地肥沃，颇具堪舆学上的虎踞龙盘之势；三是立都中牟后，赵国与东方诸国联系便利。赵在定都中牟期间，变法图治，在政治上倡“仁义”，行“王道”，“选练举贤，任官使能”，“节财俭用，察度功德”。在此期间，赵与韩、魏联合出兵伐齐，迫使齐侯会同三晋之君朝见周威烈王，使周王正式册封赵为诸侯。公元前391年，三晋大军大败楚军于大梁、榆关。赵在原中牟邑的基础上，建起了气势宏伟的土城，初步形成图霸之业。

随着赵国势力的日益壮大，赵敬侯元年（前386），赵国迁都邯郸，在漳水以北苦心经营，达到了历史上的鼎盛时期。赵国在中牟建都前后经历三代国君，约38年。

汉末农民起义——黑山聚义

东汉末年，由于宦官专政，横征暴敛，豪强、地主又疯狂兼并土地，以致大量农民破产逃亡，成为流民。为反抗东汉王朝的残暴统治，农民起义风起云涌。黑山军起义就是其中一支。

起义军大本营在黑山，也就是今天鹤壁市淇滨区庞村镇金山寺一带。由于在黑山聚义，号称“黑山军”。首领为博陵（治今河北蠡县南）人张牛角。后来张牛角在作战中被流矢射死，改由好友张飞燕统领大军。张飞燕原名褚飞燕，常山（治今河北元氏县西北）人，在张牛角遇难后，为继承其遗志，遂改姓张。东汉中平二年（185），于毒率领的义军到黑山投奔张飞燕，义军达3万多人。

于毒，朝歌人，农民出身，义军领袖。他率领的义军原在朝歌西山一带活动，南起沧水北岸的青岩山（云梦山），北到淇水南岸的青岩绝，大本营驻扎在中部鹿肠山。

于毒义军投奔黑山军之后，成为义军主力，纵横河北、河南广大地区。义军所至，所向披靡。

冀州牧袁绍、东郡太守曹操率领官军曾多次与黑山军作战，屡战不胜。东汉初平四年（193），袁绍发现于毒部是黑山军主力之一，决定设计招降纳叛。他用重金收买于毒的部将陶升，封其为“建义中郎将”，并探明于毒军情。这年六月，大雨连下，朝歌以东泛滥成灾，漂没民居，于毒率军暂回山寨。袁绍乘机率各路官兵10余万，从东郡等处迅速西进占领朝歌，堵住各个山口，并派兵从沧岩谷口（今塔岗一带），绕至西大岭截断义军退路，然后从各个山沟进攻于毒部。当时张飞燕率义军大部远在曲阳与官军激战，无力回援。于毒发现义军被围，率军奋力拼杀，与袁绍军激战五昼夜，终因寡不敌众，于毒英勇战死。

黑山军起义虽然以失败而告终，但其反抗压迫、敢于斗争的精神与世长存，青史留名。

• 曹操大战袁军——白马之战 •

东汉末年，军阀割据，战乱迭起，在黎阳（今浚县）大地上曾发生过一起“白马之战”，戏剧舞台上叫“关公斩颜良”。

时间是在汉献帝建安四年（199），也就是著名的官渡之战的前一年。北方割据势力最大的袁绍，击灭冀、青、并、幽四州之敌后，又领兵10万进占黎阳，欲过黄河，进占许都，夺取最高统治权。当时，曹操兵少将寡，率主力约两万北上迎敌。第二年，袁、曹两军相持在官渡（今郑州中牟东北），大战一触即发。二月，袁绍派大将颜良包围白马（今安阳滑县东北），进攻东郡太守刘延，以保障袁军主力渡过黄河，攻打曹操。

曹操采用声东击西、各个击破的战术，即先派部分军队在延津（今新乡卫辉东）佯装渡河，做出袭击袁军后方大本营（黎阳）的姿态，诱使袁绍分兵防御延津。然后，再派轻兵急进，奔袭白马，以达到出其不意、攻其不备的目的。曹操依计而行，袁绍果然上当。曹操趁机领兵向白马疾进，在距白马还有10余里时，与颜良相遇。颜良大为震惊，仓促迎战。曹操遂派大将关羽率先进击，关羽跃马阵前，望见颜良麾盖（大将所坐戎车），直冲过去，于白马坡（今浚县善堂镇朱村南），在万众之中斩杀颜良，得胜而归。然后，曹操又诱敌深入，关羽再诛杀袁绍大将文丑。曹操随即指挥大军全力冲杀，袁军大败溃散。白马之围遂解。

白马之战是曹操以少胜多、以智取胜的战役，它为官渡之战的胜利创造了条件。

• 文豪隐居许沟——罗贯中著书 •

罗贯中（约1330—约1400），名本，号湖海散人。山西太原清徐人，明代著名的戏剧家、小说家。作品有剧本《风云会》《连环谏》《蜚虎子》，小说《三国志通俗演义》（简称《三国演义》）、《水浒全传》（与施耐庵合著）、《隋唐两朝志传》《残唐五代史演义传》《三遂平妖传》等。

罗贯中成年后即离开故乡，外出漫游。他先在晋中和晋东南地区了解、搜集关于五代时期梁晋交战的故事和传说，后离开山西到冀、鲁、豫交界的大名府，河南卫辉府、怀庆府、开封府，山东临清、东平一带活动，为他的小说创作搜集素材。1350年前后，罗贯中沿运河南下到了杭州，曾创作了三个剧本。1353年，罗贯中投身张士诚起义军，结识了正在酝酿创作《江湖侠客传》（《水浒传》底本原名）的施耐庵，并拜其为师。1363年，因张士诚拒绝部下劝谏，施耐庵等有识之士

许沟村罗贯中晚年隐居地纪念碑

纷纷离去。罗贯中也经杭州到淳安等地考察了解当年方腊起义的遗迹。这之后的一段时期，他的足迹遍及苏、浙、赣、皖四省广大地区，搜集三国时期东吴方面一些重要人物的故事传说。

1368年，朱元璋建立了大明王朝，社会生活逐渐安定。罗贯中先在江苏淮安住了一段时期，与施耐庵切磋小说创作。

明洪武三年（1370），施耐庵在淮安逝世。此后，罗贯中离别了客居20多年的江南，带着未竣的《三国志通俗演义》和施耐庵未完成的《江湖侠客传》书稿返回北方。他先取道汤阴县，凭吊了民族英雄岳飞，又来到与汤阴毗邻的浚县西北。黑山之麓、淇水之畔的许沟背山依水，山清水秀，风景优美，深深地吸引了罗贯中。于是他便在此隐居下来继续进行小说创作。大自然的秀美、鹤壁地域的人文环境，终于使罗贯中在这里完成了《三国志通俗演义》和《水浒全传》两部不朽之作。

明书法家题字——王铎登大伾山

明崇祯十七年（1644）二月七日，书法家王铎登大伾山，留下三幅摩崖题书《鹭涛虎岫》《仙崿》和《再至青坛》诗。

王铎，河南孟津人，明天启二年（1622）中进士，后为礼部尚书。他的书法自成体系，他被称为“神笔王铎”。

当时与王铎交往甚密的有刘尚信，此人字贯石，号还朴，明末清初浚县张弦歌里（今白寺乡）西郭村人，他志趣高雅、广结名士。

崇祯十七年春，正是李自成攻打北京的时间，王铎在家守父孝。起义军攻占孟县，王铎外出避难后由卫河乘船北上返京。刘尚信当时在通政司任职，与王铎时有来往。王铎路经浚县，便约刘尚信同游大伾山。王铎被大伾山的风光所吸引，一时忘了国事、家事诸多烦恼，欣然挥笔

明代王铎摩崖石刻

题写了“仙崿”。王铎继续北行，当行至内黄县楚旺一带时，北京传来消息：李自成攻陷了京城，崇祯已吊死在煤山。闻此信，王铎马上掉船南返，与刘尚信再次登上大伾山，当时兴致所至，夜晚执灯在山崖上用隶书沉着痛快地题写了“鹭涛虎岫”四个笔力雄健的大字，并题诗《再至青坛》：“窅窅崇青色，中兴谥此坛。石稠原少树，洞背故多寒。帝子留神鼎，河渠自汉宫。为怜骐异歇，暂得憩安磐。”诗中回顾了大伾山的历史名望，表露了他渴望安宁、希求歇息的心理状态。上边山岩上刻有“向日峰”，旁边有“鸟爪”二字，它取自苏东坡“人生到处知何似，应似飞鸿踏雪泥”一句诗。人生飘忽不定，犹如雪泥鸿爪，感叹时光易逝、人生易老而功名难求。奇怪的是“鸿”字没有三点水，这是古人巧妙地暗示黄河改道干涸，哪里还有水？或是别有他意，耐人寻味。

王铎在大伾山留下的墨宝，不仅被国务院公布为全国重点文物保护单位，还成为大伾山旅游景区的一个亮点。

【知识链接】

王　铎

王铎（1592—1652），字觉斯，号嵩樵，又号痴庵，别署烟潭渔叟，孟津（今河南孟津）人。幼时家境十分贫寒，过着“不能一日两粥”的生活。明天启二年（1622）中进士，累擢礼部尚书。王铎生逢乱世，仕途多变，1644年正月，移家浚城（浚县）。同年，李自成攻克北京，明崇祯帝自缢于景山。同年五月，马士英等在南京拥立福王，任王铎为东阁大学士。入清后，他降清，清廷授予他礼部尚书、官弘文院学士，加太子少保。王铎由明朝旧臣变为清廷新贵，在以气节自持的明代遗民眼中是被鄙夷的贰臣，因此，他始终抑郁不乐。入清之后，王铎做了8年的官，于顺治九年（1652）病逝故里。乾隆帝时，朝廷借敕编《四库全书》之际，查毁了王铎的全部书刊，并将王铎列入《贰臣传》。

王铎博学好古，诗文书画皆有成就，尤其书法独具特色，世称“神笔王铎”。他的书法与董其昌齐名，明末有“南董北王”之称。他的墨迹传世较多，不少法帖、尺牍、题词均有刻石，其中最有名的是《拟山园帖》和《琅华馆帖》。

• 鹤壁近代首义——张淮起义 •

1919年至1921年，鹤壁东头村竖起一面大旗，上写“天下第一军，杀富济贫人”，竖起这面大旗的就是鹤壁近代史上揭竿而起的第一支农民起义军——义勇军。

义勇军的首领叫张淮，字汇南，生于1887年，鹤壁郊区西马驹河村人。河北保定法政学堂毕业，先后出任过河南郾城、修武两县审判官。他性格豪放，广交朋友，行侠仗义，不畏强暴。1920年，因遭同村江生金挟嫌控告通匪被捕并被判死刑，押于汤阴县狱中。

由于他与监狱狱吏孟昭武是故交，孟昭武出于义愤，在行刑前的深夜，私将张淮放走。

张淮逃出狱后，便与其兄张江、其弟张海商定举义造反，以“劫富济贫”为口号，招兵买马，很快张淮的义勇军发展到1 000余人。他率众活动在山西西部及河南林县、安阳、内黄、滑县等地。所到之处，他们逼迫地主豪绅交出枪支弹药、粮食和财物，武装自己，救济穷人，深受百姓称赞。

义勇军的势力影响迅速扩大，汤阴县知县多次呈请省署派兵剿灭。1920年冬天，当时的河南督军赵倜派一个团的兵力，开赴鹿楼集，限期歼灭张淮的义勇军。赵倜的武装与义勇军激战数日未能取胜，便改武装镇压为和平招抚。邀请张淮到鹿楼集谈判，并以优厚条件应允。张淮拒绝，仍继续发展义勇军，打击土豪劣绅。

1921年春，驻鹿楼集的官兵向义勇军发起进攻，张淮率部奋起抵抗，与官军激战于淇河两岸。双方大战数月余，未果。官军便设计用重金收买张淮的卫士，将张淮刺杀。张淮遇难，群龙无首，义勇军遂被官军瓦解。

张淮起义在鹤壁历史上具有一定的进步意义，被载入史册。

• 日寇罪行滔天——浚县惨案 •

1938年3月29日拂晓，日本侵略军击塌浚县县城东门城墙，恶狼一般冲进城内，开始了惨绝人寰的大屠杀。所到之处，见人就杀，见房就烧，见女人就抓，整个县城烟火弥漫，惨叫声震天，陷入骇人听闻的白色恐怖之中。

日军屠杀先从东街开始。在东门里路北一家煤场里，将300余人赶进一间屋中，泼上汽油焚烧。除一人从房顶逃生外，其余全被活活烧死。农民李金录的老伴被枪杀后，日军将其两个闺女（大的16岁、小的13岁）轮奸，然后用战刀捅入阴部刺死。与此同时，在文治阁周围，日军纵火焚烧房屋，熊熊大火烧了一夜，230间房屋化为灰烬，烧死群众上千名。

在北街，数十名群众被捆绑着，拉到西门城墙顶，强迫跪在城垛上，一齐遭枪杀，尸坠城墙下。在鸡市胡同，一次烧死男女百余人。在南街，日军挨户搜捕，枪杀无辜百姓百余名。在南关后城沟街，躲藏在王保善家后院的40余名群众被集体枪杀。在南关，张柱、刘长德两家10余口全

浚县抗日英烈纪念碑

被杀绝。日军把70多岁的中医王老清的头砍下，让狼狗衔着跑。有一个叫小宝林的两岁小孩，也被日军刺刀穿心挑死，扔在大街上。在南关一座小庙里，8名妇女遭轮奸污后被烧死。在南山街，躲藏在土洞里的300余人被机枪扫射，仅有一人幸免于难。在菜园街，500余人被集体枪杀。

在大伾山刘公泉洞，500多人被机枪扫射，无一幸免。在大伾山上，日军炮击八卦楼，枪击大佛，毁坏了文昌帝君像、魁星像，烧毁了阳明书院。在大伾山禹王庙，日军强迫僧人慈海烧开水，之后将其捆绑，刺死在庙东侧。在禅堂僧舍翻箱倒柜，将经卷抛撒满地，随意践踏，将袈裟撕破擦战刀。在天齐庙“有僧东渡留禅杖”崖下，本良和尚被乱刀扎死，海登法师被挖去双眼，耳朵、鼻子被狼狗咬掉，刺刀穿透胸膛。15岁的道济和尚被惨杀庙外，让狼狗撕吃其肉。

在浮丘山上，日军将道人张殿、孔祥怀、李宗杰、王太仲、宋太贵5人刺死。藏在庙院里的王生吾被日军用刺刀撬开嘴，用凉水活活灌死。日军炸塌三仙殿，无数文物遭破坏，造成了难以弥补的损失。

日军所到之处，肆意奸污妇女，如同禽兽，连老妇和幼女也难幸免。许多妇女遭奸污后被惨杀，有的被剖腹。在南关，日军奸污一孕妇后，剖腹取出婴儿，挑在刺刀上戏耍。

29日傍晚，日军撤走时，抓数十名男女背东西。行至下高村、黄辛庄一带，将男子枪杀，10余名妇女除1名逃回外，其余未见踪影。

日军撤走后，县城内外，大街小巷，尸体横陈，血流成河。城东南角3口井内填满尸体；西门里遏云楼前10余个马棚下，尸体成垛；大王庙门前，尸体堆积丈余高；南关几个水坑，水被血染红。整个县城成了“户户皆戴孝，处处闻哭声”的悲惨世界。

日军在浚县城的大屠杀，历史罕见，骇人听闻。这次大屠杀使我同胞4 500余人丧失性命，占当时县城人口的1/4。未逃出的男女老少几乎全部被杀光，500多名妇女被奸杀，1 000余间房屋被烧毁，财物损失不计其数。

日寇制造的“浚县惨案”是河南省第一大惨案，也是全国八大惨案之一。《孙毅将军回忆录》第三部分记载：“仅就屠杀而言，除了世人皆知的南京大屠杀外，经中国政府相关机构多年查证，日军制造的千人以上的大屠杀就有100起以上。其中屠杀3 000人以上的有8起，即山西朔县屠城、山西宁武大屠杀、血洗河南浚县、山东临沂大屠杀、山东金乡屠杀民工、血洗广东惠阳、南京大屠杀、湖南南县厂窑惨案。”

• 解放鹤壁地区——牟山斗争 •

1946年10月初，解放战争形势发生严峻变化。国民党军马法五部沿平汉路北犯，大举进攻晋冀鲁豫解放区。23日，驻汤阴的国民党暂编第三纵队孙殿英、刘月亭部及扈全禄、牛万山、王金荣等保安团5 000余人，从宜沟、汤阴兵分四路向我解放区疯狂进犯，妄图实现其“吞并林汤，占领涉武，威胁太行”的狂妄野心。敌军在飞机、大炮的掩护下，迅速占领了鹤壁、鹿楼等广大地区。汤阴县委、县政府组织党员、干部、民兵及其家属转移到牟山地区的盘石头、宽河、将军墓等地坚持斗争。是时，一些地主还乡团乘机回村，疯狂进行反攻倒算。仅张家沟、施家沟两

牟山斗争纪念碑

村就被抢走公粮20多万斤、棉花2万余斤、食盐1万余斤。一批党员、干部、民兵和家属惨遭杀害。革命烈士曹书贵，女英烈孙蓬莲、王蓬只、邢龙枝就是其中的几位。

曹书贵，鹤壁集西街人，贫农出身。在地下党员汤汝舟的帮助下，走上革命道路。1945年参加西街农会，当选为农会委员。由于工作积极，革命意志坚定，于当年年底光荣加入了中国共产党。入党后，负责保管公粮、运送公粮工作。曾多次出色地完成运送军粮任务，受到上级嘉奖。1946年，国民党撕毁“双十协定”，又一次掀起反共高潮。敌军孙殿英部向汤阴、鹤壁地区大举进犯，还乡团、国民党杂牌军也蜂拥而至。为保存实力，更有效地打击敌人，遵照上级指示，当地民兵全部撤往牟山一带打游击。群众也大部分向山里转移。敌军占领鹤壁集后，对各个交通要道严加封锁，牟山民兵与鹤壁集情报站的联系中断。在关键时刻，曹书贵主动请求回村取情报，不幸被捕。敌人对他严刑拷打，施尽各种酷刑，逼他交出村里的共产党员名单和农会干部名单，曹书贵宁死不说，最后英勇就义。

与他同时牺牲的还有鹤壁集三位女英烈，即当时鹤壁集农会会员、汤阴县人民参议员孙蓬莲，鹤壁集妇女委员会副主席王蓬只，鹤壁集村妇联委员邢龙枝。三人为保守党的机密，在敌人面前宁死不屈，最后均被敌人活埋。就义时，孙蓬莲31岁，王蓬只34岁，邢龙枝34岁。为了中华民族的解放事业，她们献出了自己宝贵的生命。

1946年冬至次年春，鹤壁区的民兵在中国共产党的领导下，经过林县“黄花营大整军”，以牟山为根据地，风餐露宿，浴血杀敌，坚持武装斗争。在太行军区部队配合下，首先围歼盘踞牛横岭的牛万山部，继而拔掉上庄、张公堰等地的国民党据点，反击战推进到鹿楼、鹤壁以东一线，在李古道、温家沟、石林、马村、唐宋等地展开激战，先后经过200余次的艰苦战斗，歼敌近2 000人，收复了鹤壁集，解放村庄300余个，打退了国民党军队的进攻，取得了牟山斗争的巨大胜利。

防御转向进攻——石林会议

1947年，刘邓大军发动了著名的豫北战役——“汤阴之战”。4月5日，先后解放了鹤壁集、庞村。5月2日，解放了汤阴，生擒国民党军第四方面军第四路军司令孙殿英、副司令刘月亭、参谋长邓甫暄等。整个战役歼灭国民党王仲廉部（含国民党王牌军全部美式装备的第二快速纵队）2万余人和孙殿英全部，共4.5万余人。

1947年6月10日至12日，刘伯承司令员、邓小平政委在石林乡西石林村的法隆寺召开由晋冀鲁豫野战军各纵队首长参加的军事会议，参加会议的首长包括陈再道、宋任穷、王近山、陈锡联、曾思玉、王宏坤、秦基伟、杜义德、曾绍山、郑国仲、阎红彦、谢富治、王秉璋、杨勇等。司令员刘伯承、政委邓小平主持会议并讲话，参谋长李达，副司令员徐向前、滕代远也发了言。会议的中心议题是贯彻中共中央、中央军委和毛泽东主席关于当时中国革命的形势分析，落实关于人民解放军不失时机地由战略防御转向战略进攻的指示精神。会议就中央军委关于中国人民解放军第二年作战的基本任务做了讨论，对强渡黄河、激战鲁西南、跃进大别山的战略部署做了具体研究，讨论了转入战略进

山城区石林镇石林会议纪念碑及将军槐

攻的各项问题和各项准备工作。

刘伯承生前在他的回忆录里写道："石林会议后，准备出击到外线，到大别山；打出去前，还准备打几仗，多消灭些敌人，打出去时包袱就轻点，也减轻点根据地的负担。如打了汤阴、打了安阳等，这些都做了，这才过黄河南下。"

石林会议对晋冀鲁豫野战军由战略防御转入战略进攻做了重大部署，在人民解放战争史上具有重要地位。

【知识链接】

石林将军槐

走进石林会议旧址，每个人的目光都会不由自主地被一棵郁郁葱葱、枝繁叶茂的大槐树所吸引。这棵槐树被当地老百姓亲切地称之为"将军槐"。关于"将军槐"名称的由来，还有一个革命小故事。刘邓大军驻扎在石林期间，司令员刘伯承的一匹战马不小心啃食了邻居家的一棵枣树，刘伯承知道后，说了一句话："毁了百姓一棵苗，要还百姓一片林。"于是，刘伯承就和战士们一起在法隆寺种下了3棵槐树。随着岁月更迭，目前，仅剩下了这一棵槐树。从这个故事中，我们可以感受到刘邓大军严明的军纪和刘邓首长博大的为民情怀。

1947年唱遍石林的"流行曲"

鹤壁山城区有着丰厚的红色历史文化积淀。这方水土中的一草一木、一砖一石都沾染着中国革命红色的基因，因而也产生了独特的红色文化，这也是山城区红色旅游能形成气候的基础。当年刘邓大军曾经在山城转战驻扎，将士们与当地的百姓结下了不解之缘，这一点仅从流传至今的歌曲就可见一斑。如今，生活在石林村的一些老人们还会津津乐道地回忆当时军民一家的情景，在村头的老树下，他们时不时地还会聚在一起唱起那些激动人心的"流行曲"。

战士：叫声老大娘，听我把话讲，今天来到您家乡，号您两间房。叫声大娘优秀喂，号您两间房。

大娘：恁要是给俺弄脏了咋办？

战士：叫声老大娘，听我把话讲，住在您家乡，给您打扫光。叫声大娘优秀喂，给您打扫光。

大娘：俺家的水怕你们住下不够喝。

战士：叫声老大娘，听我把话讲，喝了您的水，给您挑满缸。叫声大娘优秀喂，给您挑满缸。

大娘：那烧水俺还得去砍柴火啊。

战士：叫声老大娘，听我把话讲，烧了您的劈柴板，给您抵公粮。叫声大娘优秀喂，给您抵公粮。

据老人回忆，当年刘邓大军有严明的纪律：来走前后，必须把大街小巷和老乡家打扫干净；把房东或困难户的水缸挑满；借群众的东西要归还；要征求群众对部队的意见。军爱民，民拥军，军民团结如一人。

现在，住在西石林的一位老大娘还会唱当年村妇女救国会给解放军纳鞋底时，妇女们一起唱的一首歌：

西北风吹哟，天气凉，姐妹们一起拥军忙。如今是哟咱们胜利了，胜利的红旗空中飘扬。全国人民得解放，男女老少喜洋洋，喜洋洋，就像乌云天儿里见了太阳，就像乌云天儿里见了太阳。

这些曾经传唱在山城的民间歌曲不仅感情真挚，曲调优美，内容朴实感人，同时也是一笔珍贵的文化遗产，从侧面记录了那一段珍贵的历史。

名人扫描

——淇水哺育的杰出人才

发郢流楚思，涉淇兴卫情。既逢青春献，复值白苹生。

——[南朝]鲍照《送别王宣城诗》

春秋时期，生长在淇河之滨的卫国公主许穆夫人以她挺身赴难的爱国情怀青史留名，让古往今来的人们一提到淇水，就想起她的“载驰载驱”，她也当之无愧地成为中国第一位有记载的爱国女诗人。

淇水悠悠，润泽苍生，许穆夫人只是其甘甜乳汁哺育下的卓越人才的一名代表。古往今来，在鹤壁这块钟灵毓秀的土地上，涌现出众多仁人志士：至死谏君的比干、舍己为国的石碏、纵横家鼻祖鬼谷子、白话诗先驱王梵志、育种专家赵洪璋、豫剧旦丑牛得草……他们为中原文化、中华文明的发展做出了巨大贡献，像一颗颗璀璨的明星，从鹤壁这方热土升起，永远闪耀在民族发展的历史天空。

• 谏臣剖心见忠诚——比干 •

淇县比干石像

比干（生卒年不详），殷商贵族，商王文丁之子，名干。其兄乙继位后，封干于比（今山东曲阜附近），故名比干，商朝朝歌（今淇县）人。

比干幼时聪慧，勤奋好学，20岁就以少师高位辅佐帝乙，又受托孤重任辅佐帝辛。比干从政40多年，主张减轻赋税徭役，鼓励发展农牧业生产，提倡冶炼铸造，富国强兵。商末纣王暴虐荒淫，横征暴敛。比干深为悲愤，说："主上有过错，老百姓遭受磨难，当臣子的不去劝谏，就是不忠；怕死不说，就是不勇。为了国家社稷，就是丢掉性命，也是值得的，也算是大忠大勇。"于是，他毅然登上摘星楼，劝谏纣王洗心革面，重整朝纲。先是说，后是喊，最后是骂，一连三天强谏不走，以死抗争，把纣王弄得恼羞成怒。纣王说："我听说圣人有七窍玲珑心，我倒要看看你的心是什么样子。"于是，命令卫士将比干的肚子剖开，挖出心脏。

后人怀念比干的功德，改摘星楼为"摘心台"，建"忠烈坊"，悬联"刚之忠之仁之勇之，惨也酷也悲也伤也"。忠烈坊至清代犹存，今有遗址。

比干死后，葬于朝歌南（今卫辉境）。周武王灭纣后，命闳夭封比干之墓。唐贞观十九年（645），太宗李世民追封比干为太师，谥忠烈。今比干墓尚存，有"平冠柏""无心菜"的传说。

央视网
谁害死了比干

• 中华文化第一子——箕子 •

箕子

箕子（生卒年不详），名胥余，官太师，封于箕（今山西太谷东），为殷商贵族，朝歌（今淇县）人。他是中国历史上第一个有可靠著作传世的思想家、政治家，因在政治哲学理论方面的创造性贡献，被人们称作“中华文化第一子”。

箕子禀性耿直，为太师，辅佐朝政。见纣王生活奢侈，箕子多次劝谏，而纣王不听，他就披发佯狂为奴，随隐而鼓琴自悲，故传“箕子操”。纣王以为他疯了，便将他囚禁了。武王灭纣后，箕子获释，他不愿做周朝的臣民，于是隐居在太行山方脑岭（今山西陵川县东方脑岭箕子山）。武王访问箕子治国之道，箕子以《洪范》讲述，拒绝投降，所以便出走朝鲜。武王将朝鲜封给箕子，但箕子忠于祖国，仍拒不称臣。后来，箕子返国路过朝歌殷墟，目睹昔日之宫室一片荒凉，遍地麦黍，心甚悲痛，乃作《麦秀歌》。殷民听说后，皆为之痛哭流涕。箕子死后，葬于梁国蒙县（今商丘市东北），葬地人称“箕子冢”。今朝鲜平壤也有箕子陵。唐

【知识链接】 殷有三仁

《论语·微子》：“微子去之，箕子为之奴，比干谏而死。孔子曰：‘殷有三仁’焉。”孔子在《论语·微子》中称赞微子、箕子、比干为殷商时代的三位“仁”者。

时，朝歌城南关建箕子庙，文学家柳宗元为其撰写碑文，今存。明正德年间，在县城南门内路西建“三仁祠”以祀其位，遗址尚存。

• 统一神州肇此人——帝辛 •

帝辛

帝辛（？—前1046），本名受，又名辛，号帝辛，后世称殷纣王，商朝最后一个帝王，都于沫，改沫邑为朝歌（今淇县）。

纣王评说

帝乙死，应立长子启，因母贱不能立，而立少子辛为帝。辛自幼聪敏过人。《荀子·非相篇》说他“长巨姣美，天下之杰也；筋力越劲，百人之敌也”。《史记·殷本纪》也说“帝纣资辨捷疾，闻见甚敏；材力过人，手格猛兽”。

帝辛继位后，励精图治，重视农桑，社会生产力快速发展，国力强盛。他继续用兵，打退了东夷向中原地区的扩张，把商朝势力扩展到江淮一带。特别是讨伐东夷的胜利，把商朝的国土扩大到今山东、安徽和江苏、福建沿海。毛泽东在评价帝辛时说：“其实纣王是个很有本事、能文能武的人。他经营东南，把东夷和中原的统一巩固起来，在历史上是有功的。”帝辛经营东南后，把中原先进的生产技术和文化向东南传播，推动了社会进步和经济发展，促进了民族的融合。郭沫若在两首诗里说：“但缘东夷已克服，殷人南下集江湖。南方因之惭开化，国焉有宋荆与舒。”“偶来洹水忆帝辛，统一神州肇此人。百克东夷身自殒，千秋公案与谁论？”

帝辛敢于革除先王旧弊，不再屠杀奴隶和俘虏，而是让他们参加生产劳动，补充兵源，参军作战。

帝辛后期，居功自傲，斥巨资建鹿台，过着穷奢极欲的生活，使国库空虚。他刚愎自用，听不进正确意见，在上层形成反对派，杀比干，囚箕子，失去人心。连年用兵，国力衰竭。公元前1046年，周武王联合11个小国会师孟津，利用商朝大军征伐东夷之机，对商朝发起进攻。牧野之战，大批俘虏倒戈伐商，周兵攻入朝歌，帝辛自焚于鹿台，商朝灭亡。

帝辛死后，葬于淇水之滨，今墓尚存。

• 勤政廉政德为先——卫武公 •

卫武公

卫武公（？—前758），姓姬名和，卫都朝歌（今淇县）人。公元前812年，卫釐侯死，卫武公继位。他在执政期间，修康叔之政，增修城垣，兴办牧业，政通人和，百姓和集。

后来，犬戎杀周幽王，卫武公率兵辅佐周王抵抗犬戎，在战斗中立了大功，被周平王封为公爵。

卫武公在位55年，能自责，百采众谏，常与下臣共勉。他95岁时，曾作《抑》诗以自儆。诗云：“人亦有言：靡哲不愚……投我以桃，报之以李……温温恭人，维德之基。”正如《国语·楚语上》所记：“昔卫武公年数九十有五矣，犹箴儆于国，曰：‘自卿以下至于师长士，苟在朝者，无谓我老耄而舍我，必恭恪于朝，朝夕以交戒我……’于是乎作《懿戒》，以自儆也。”

公元前758年，卫武公去世，被谥为“武”。卫人感其德，赋《淇奥》歌颂其高风大德，诗云：“有匪君子，如切如磋，如琢如磨。瑟兮僩兮！赫兮咺兮！”“充耳琇莹，会弁如星……终不可谖兮！”明弘治年间，淇人在朝歌城西部山区耿家湾修武公祠，以志不忘。祠北山坡建有斐亭一座，亭下绿竹莲藕，游人从四面八方而来，年年祭祀武公，祠前小石河（古美沟）更名思德河（意为永思武公之美德），河下一村原槐荫店改称思德村。祠四周崖壁题诗多首，其一曰：

荣膺主爵胥骄逸，常把箴儆分付诗。
九十五年犹不老，忆千万载系深思。
高风直共篔筜在，盛德还同天地期。
漠漠荒祠成古迹，至今淇水尚依依。

明末崇祯年间，御史孙征兰摩崖题记之：“圣从川湄千秋睿，德就山磨万古明。”

• 首位爱国女诗人——许穆夫人 •

许穆夫人

许穆夫人（约前690—？），姓姬，春秋时期卫国都城朝歌（今淇县）人，是卫国国君黔牟之弟顽之女，戴公、文公之妹，为中国历史上第一位爱国女诗人。因嫁给许国（今许昌）国君许穆公，故称许穆夫人。

许穆夫人自幼酷爱学习，能歌善诗，少年时代曾到澳水（折胫河）、肥泉（泉头）和淇水（河口村）一带钓鱼游玩，饱览朝歌一带的美好风光。当时周王朝已衰败，诸侯国兼并战争连年，卫国处在大国争霸和邻国侵袭的威胁之中。

许穆夫人成年后，才貌出众，许国和齐国都来求婚。她却把自己的婚事与祖国安危紧密联系起来，曾表示许国遥远弱小，不能支援祖国，而齐国强盛且距卫国近，如与齐国结亲，一旦卫国被侵，可得到齐国的援助。但卫国国君缺乏远见，贪图许国送来的仙鹤和丰厚的礼物，将她许

许穆夫人

配给许穆公。

许穆夫人嫁到许国后，无时无刻不在怀念自己的祖国，她在《竹竿》一诗中道出了思念故乡的心情。

当时，卫懿公虽嗜好养鹤，但当北狄侵卫，懿公却义无反顾率军抗战，在敌军围困下高举旗帜决不投降，最后被敌军杀害，朝歌失陷。卫国大臣带领朝歌难民向东逃跑，在宋桓公的接应下渡过黄河，拥立卫戴公为君。卫戴公被迫栖身于漕邑（今安阳滑县旧城东），许穆夫人在许国得知国破兄亡，忧心如焚，悲痛欲绝，于是向许穆公提出援助卫国的要求。许国君臣怕得罪狄人，只派了使者到卫国吊唁，但不允许许穆夫人回卫国。

许穆夫人和自己身边随嫁的姐妹，毅然驾车奔卫，共赴国难。但一些许国大夫竟然驾车追赶夫人，夫人非常激愤，于是写下了《载驰》一诗，严斥来者："载驰载驱，归唁卫侯。驱马悠悠，言至于漕。大夫跋涉，我心则忧。""即不我嘉，不能旋反。视尔不臧，我思不远。既不我嘉，不能旋济。视尔不臧，我思不阅。"那些大夫们被责问得无言答对，只得灰溜溜地回去了。诗中她还向大国呼吁请求救援卫国："我行其野，芃芃其麦。控于大邦，谁因谁极？"一个为拯救祖国奔走呼吁的爱国女英雄形象呼之欲出，跃然纸上。

经过四五百里路的长途跋涉，许穆夫人从许国回到卫国，立即向她的兄长卫文公建议，向齐国求援。齐桓公答应了卫国的请求，派公子无亏率兵救援卫国，帮助卫国收复失地。公元前658年，卫国在楚丘（今滑县东）又建立都城，延续400多年。

许穆夫人的《竹竿》《泉水》《载驰》三首诗，均收入《诗经》里，数千年来，一直为人们传诵不辍。

•大义灭亲传千古——石碏•

石碏（生卒年不详），春秋时卫国国都朝歌（今淇县）人，卫国大夫。

卫庄公有三个儿子，长子姬完、次子姬晋、三子州吁。州吁最受庄公宠爱，无恶不作，成为朝歌大害。石碏为人耿直，体恤百姓疾苦，几次劝庄公约束州吁，但庄公不听，州吁作恶反而更加严重。

石碏的儿子石厚，常与州吁并车出猎，为非作歹。石碏大怒，用鞭子抽打他五十下，将其锁入房内。石厚越窗逃出，长住州吁府内。

庄公死后，姬完继位，称卫桓公，石碏见他生性懦弱无为，便告老还乡，不参朝政。此时，州吁更加横行霸道。公元前719年，州吁听了石厚的计策，杀了卫桓公夺取了王位，史称卫前废公。州吁、石厚为制伏国人，立威邻国，贿赂鲁、陈、蔡、宋等国，大征青壮年去打郑国，劳民伤财。当时，朝歌有民谣云："一雄毙，一雄兴，歌舞变刀兵，何时见太平？恨无人兮诉洛京！"

州吁见百姓不拥戴自己，非常担忧。石厚又让州吁去请其父石碏出来共掌国政。石碏早想为国为民除害。趁石厚请他参政，假意献计说，新主即位，如果能觐见周王，得到周王赐封，国人才肯服帖。现在陈国国君忠顺周王，周王很赏识他，你应该和新主一同去陈国，请陈桓公向周王说情，周王便会召见你们。石厚十分高兴，便备厚礼赴陈，求陈桓公向周王通融。

石碏却割破手指，写下血书，派人事先送到陈国。血书写道："我们卫国民不聊生，固然是因为州吁所为，但我的逆子石厚助纣为虐，罪孽深重。二逆不诛，百姓难活。我年老体衰，力不从心。现二贼已驱车前往贵国，实老夫之谋。望贵国将二贼处死，此乃卫国之大幸！"

陈国大夫子针与石碏有深交，见血书，奏请陈桓公，桓公命人将州吁、石厚抓住，正要斩首，群臣奏："石厚为石碏亲子，应慎重行事，请卫国自己来问罪。"

石碏知二贼被捉，急派人去邢国接姬晋（州吁之兄）就位，这就是卫宣公。宣公又请大臣议事，众臣都说："州吁首恶应杀，石厚从犯可免。"石碏正色道："州吁的罪过，都是我不肖的儿子酿成的，从轻发落他，难道使我徇私情，抛大义吗？"众人默然不语。石碏家臣獳羊肩说："国老不必怒，我即刻赴陈国办理此事。"

獳羊肩到陈国要杀石厚，石厚说："我是该杀，请将我囚回卫国，见父后再死。"獳羊肩说："我奉你父亲的命令诛杀逆子，想见你的父亲，我把你的头带回去见吧！"于是将石厚杀了。在卫国大臣右宰丑的监督下，州吁在陈国也被就地正法了。

石碏为国大义灭亲之事，史学家左丘明记之，卫民传颂至今。后裔以石碏字为姓氏，并尊奉其为石氏始祖。

• 中华儒商第一人——子贡 •

端木子贡

子贡（前520—？），端木氏，名赐，子贡是其字，春秋末卫国黎（今浚县）人，出身商人家庭。他是孔子七十二弟子中的佼佼者，也是“十哲”之一。

子贡是孔子最亲近的学生之一，在众弟子中，孔子与子贡的关系超出一般。子贡博学多识，机智灵敏，是一位卓越的社会活动家和杰出的外交家。孔子离卫，子贡跟随周游列国。子贡志向从政，虚心向孔子求教治国道理。子贡是孔子及其学说的宣传者和捍卫者。子贡初拜孔子为师时，感到孔子并没有什么了不起，后来渐渐改变了自己的看法。《论衡》中说：“子贡事孔子一年，自谓过孔子；二年自谓与孔子同；三年自知不及孔子。当一年二年之时，未知孔子圣也，三年之后，然乃知之。”子贡了解了孔子的学识后称孔子为圣人，拿孔子与日月相比，认为任何人不能超过孔子。当有人毁谤孔子时，子贡挺身而出说：“仲尼不可毁也。他人之贤者，丘陵也，犹可逾也；仲尼，日月也，无得而逾焉。”

子贡还是孔子学说最好的代言人。司马迁在《史记》中说：“夫使孔子名布扬于天下者，子贡先后之也。”崔述在《洙泗考信余录》中说：“子贡之推崇孔子至矣，则孔子之道所以昌明于世者，大率由于子贡。”《论语》中子贡的名字出现57次，而颜回的名字仅出现32次。孔子自然也非常器重和信任子贡，他在遇到危难时首先想到的是子贡，最想见到的也是子贡。

子贡巧口利辞，能言善辩，办事通达。孔子在向子路、子贡、颜渊三位弟子询问其兴趣和志向时，子贡答道：“得素衣缟冠，使于两国之间，不持尺寸之兵、升斗之

子贡救鲁国

子贡救鲁

粮，使两国相亲如兄弟。”孔子当场夸赞子贡：“辩士哉！”

鲁哀公六年（前489），孔子及其弟子在陈国、蔡国交界处绝粮困危时，子贡奉命至楚国，说服楚昭王派人救出孔子。子贡在外交方面的才干受到人们的普遍称赞，楚昭王说，楚国的外交官没有一个能与子贡相比。鲁国的季康子在外交上受到挫折时说，要是子贡在场的话不会遭此耻辱。司马迁对子贡的外交才能大加赞赏。

在治国思想上，子贡重视教化作用。在处理国与国的关系上，子贡与子路不同，子贡反对诉诸武力，主张用外交谈判解决争端。在国内政务上，子贡主张教化。

鲁哀公十二年，吴国人会见鲁、卫等国国君，将卫侯扣留，子贡说服吴国太宰将其释放。鲁哀公十五年，经子贡斡旋，

【知识链接】

楷树的来历

在鹤壁浚县南街子贡祠旁边，长着一棵四人合抱那么粗的楷树。春天一到，树上就开满了漂亮的花。有人说，天底下一共有两棵楷树，一棵在孔子的老家孔林，另一棵在浚县。要说起楷树的来历，还有一段故事哩。

浚县南街的端木赐（子贡）是孔子七十二贤弟子之一。公元前479年，孔子去世了，子贡得知后，赶紧去奔丧。到殡埋孔子那天，子贡披麻戴孝，两手各拿一根哀杖，一直把老师的棺材送到坟地，等到孔子的棺材入土后，子贡两手拄着哀杖还是哭得抬不起头来，手里拄着的两根哀杖已经插进土里一尺多深了，怎么也拔不出来。子贡为报答老师的恩情，就在孔子坟前搭了个草庵，守墓六年，以此尽孝。守墓期间，子贡看着两根入土的哀杖慢慢生根发芽了，他就用心浇培，两棵小树长得可快了，说柳不是柳，说槐不是槐，十分罕见。因念其恩师高风亮节，博学善教，应成为世人的楷模，子贡就给这两棵树起名叫“楷树”，用来表示孔子楷模流芳千古。

子贡为了不忘老师的恩情，在守墓期满回家的时候，专门把孔子坟前那两棵楷树带回来一棵，栽在了自己院内，以志朝夕不忘师尊，从此这棵楷树就在浚县扎根了。2 400多年来，楷树根深叶茂，老干横天，盘若虬龙，凌云擎空，树干可四人合抱，巍然屹立，多年来没有根生幼苗，孑然独株。因传说楷树枝花能治妇女百病，所以每到花开季节，很多人都去采摘，但因花朵有限，采不到花朵，就采枝摘叶，有的还剥树皮，结果在1940年这棵楷树慢慢枯死了。到现在，枝干还横倒在子贡祠旧址一旁。

齐、鲁媾和，使齐国归还以前霸占的鲁国之地。《史记·仲尼弟子列传》载，齐国的田常欲作乱于齐，想先出兵伐鲁。子贡受命于孔子，先到齐国，说服田常放弃伐鲁而伐吴救鲁，子贡又到吴国，说服吴国救鲁伐齐。吴王怕越国背后伐吴，于是子贡到越国，说服越国随吴伐齐。之后，子贡到晋国，说明吴国战胜齐国后必然加兵于晋，让晋国做好战备。后来，吴国出兵伐齐，大败齐军，晋国又出兵大败吴。越王趁机灭吴而北上争霸。“故子贡一出，存鲁，乱齐，破吴，强晋而霸越。子贡一使，使势相破，十年之中，五国各有变。”鲁哀公二十七年，子贡离鲁，后事不详。他曾任信阳令、信阳宰。

子贡还是著名富商。《史记·货殖列传》共记载了17个人的经商活动，把子贡列在第二。传载，子贡“既学于仲尼，退而仕于卫，废著鬻财于曹、鲁之间，七十子之徒，赐最为饶益”。“子贡结驷连骑，束帛之币以聘享诸侯。所至，国君无不分庭与之抗礼”。越王勾践甚至“除道郊迎，身御至舍”。子贡“与时转货赀”，“常相鲁卫，家累千金”。《论衡·知实》载，“子贡善居积，意贵贱之期，数得其时，故货殖多，富比陶朱”，故有“既在黎阳学子贡，何必南越法陶朱”之佳句，流传至今。

子贡擅长经商之术，多年的经商活动使他积累了大量的财富，他为孔子与其门徒周游列国活动提供了有力的经济保障，历史上多用“端木遗风”来赞誉经商致富之人。孔子称赞子贡为“瑚琏”（古代宗庙中的祭器，常用来比喻有立朝执政才能的人），对子贡才能大加赞赏。公元前479年，孔子逝世，孔子的弟子们为其服丧三年，唯独子贡在孔子墓旁建茅屋住了六年。之后，子贡在游历中卒于齐国，其遗骨被运回祖籍浚县（今浚县大伾山东南张庄）安葬，历受皇帝官府祭祀，并追加谥号，荫及后裔。唐玄宗开元八年（720），子贡配享，为孔门十哲之一。子贡曾被封为黎侯、黎阳公、黎公、先贤等谥号，并建黎公祠，塑像于孔庙大成殿内。

子贡拥有政治家、外交家和商人等多重身份，世人也称其为儒商之祖。

纵横捭阖开创者——鬼谷子

鬼谷子

鬼谷子（生卒年不详），姓王名诩，因隐居淇县云梦山鬼儿谷，故自号“鬼谷子”。世尊“王禅老祖”，为纵横家鼻祖。春秋战国时期楚国人。

鬼谷子精通数学星纬、兵学韬略、游学势理、出世养性及纵横术。他周游四方，广交朋友，后在云梦山（淇县城西15公里）水帘洞隐居讲学，创建中国古代第一座军事学校——战国军庠，培养出苏秦、张仪、孙膑、庞涓、毛遂等著名的政治家、军事家。

王诩著有《鬼谷子》一书，共有十四篇，其中第十三、十四篇已失传。“智用众人之不能知，而能用于众人之所不能”为《鬼谷子》之精髓。此书被当时和后世广泛地运用到政治、外交、军事等领域，并收到奇效。道教视他为“古之真仙”，奉为“玄微灵应真人”，同时，他还是民间算命、剃头等诸多行业的祖师。明嘉靖《淇县志·古迹》有水帘洞“鬼谷子修道处”的记载。当地有明代“鬼谷先生隐处”石刻。鬼谷子还收仙道家茅濛、徐福、计然等，分别传授长生术、经商术、占卜术等，使他们成为一代历史名人。

智圣鬼谷子

央视网

鬼谷子的传说

• 刻苦攻读通文武——宁越 •

宁越

宁越（？—前403），战国时期中牟（今鹤壁西）人。

宁越出身于农家，世代以种田为生。他感到种田终年劳苦，便问朋友："怎么才能免除种田的辛苦呢？"朋友说："如果你能立志求学，苦读30年，就不用再种田了。"他说："人家休息时，我不休息，人家睡觉时，我不睡觉，我苦读15年，应当有所成就。"于是，他开始刻苦读书，15年后，终于学成。

宁越聪明过人，智谋超群，贾谊的《过秦论》在说到六国的谋士时，把他排在第一位。齐人攻打廪丘，赵国派孔青率领将士前往救援，齐军大败，并获战车2 000乘，同时杀死齐人3万。宁越对孔青说："这些车辆、尸首若不加利用太可惜了，不如把齐兵尸首还给齐人，等于发动一次无形战役，让战车发挥另一种运输的功能，使齐国的府库因掩埋其尸而耗竭。"孔青说："万一齐国拒绝收尸，那该怎么办？"宁越说："率军出征作战，不能得胜，是罪一；只准百姓出征，不准百姓返国，是罪二；不收战死将士尸首，是罪三。有这三罪，百姓就会怨恨君主，无心尽忠君主，君主无法驱使百姓效力，这就叫二次进攻。"宁越文武双全，武可以力取胜，文可以德取胜，成为国家的有用之才，后被周威烈王聘为师。

《汉书·艺文志》载有《宁越》一篇，今佚，有清马国翰辑本。

• 千古一刺著风流——荆轲 •

荆轲

荆轲（？—前227），姜姓，庆氏，战国末期卫国朝歌（今淇县）南关人。荆轲喜爱读书、击剑，曾经凭借剑术游说卫国国君卫元君，而后游历到燕国，常与屠狗夫及擅长击筑的高渐离在闹市上饮酒高歌。

在秦国做“质子”的燕太子丹，从秦国逃回燕国，对秦将要吞并六国的形势忧心忡忡，遂向他的老师鞠武请教应对之策。鞠武向燕太子丹举荐了田光，田光又向太子丹举荐了荆轲。

于是荆轲便去会见太子丹，太子丹向荆轲说出想刺杀秦王的想法。荆轲推辞，太子丹上前以头叩地，坚决请求他不要推托，而后荆轲答应了。当时太子丹就尊奉荆轲为上卿，让其住进上等的居所，天天去拜望，并供给他佳肴美物、车马美女。

公元前228年，王翦攻破赵国都城，大军压境，燕国危在旦夕。当时太子丹已预先寻找到利器——赵国人徐夫人的匕首，花百金买下，让工匠用毒水淬它，用人试验，只要见一丝儿血，会马上死掉。于是就准备行装，送荆轲出发。燕国有位勇士叫秦舞阳，十三岁就杀人，别人都不敢正面看他。于是太子丹就派秦舞阳做助手。荆轲等待一个人，打算一道出发；那人住得很远，还没赶到，而荆轲已替那人准备好了行装。又过了些日子，荆轲还没有出发，太子丹认为他拖延时间，怀疑他反悔，就再次催请说：“日子不多了，荆卿有动身的打算吗？请允许我派遣秦舞阳先行。”荆轲发怒，斥责太子说：“太子这样派遣是什么意思？只顾去而不顾完成使命回来，那是没出息的小子！况且是拿一把匕首进入难以测度的强暴的秦国。我之所以暂留的原因，是等待另一位朋友同去。眼下太子认为我拖延了时间，那就告辞诀别吧！”于是就出发了。

太子丹及宾客中知道这件事的，都穿着白衣、戴着白帽为荆轲送行。到易水岸边，高渐离击筑，荆轲和着节拍唱歌，发出苍凉凄婉的声调，送行的人都流泪哭泣，一边向前走一边唱道：“风萧萧兮易水寒，壮士一去兮不复还！”复又发出慷慨激昂的声调。于是荆轲就上车走了，始终连头也不回。

到了秦国，荆轲捧着樊於期的首级，秦舞阳捧着燕国督亢地图的匣子，按照正、副使的次序前进。走到殿前台阶下，秦舞阳脸色突变，害怕得直发抖，大臣们都感到奇怪。荆轲回头朝秦舞阳笑笑，上前谢罪。秦王嬴政对荆轲说：“递上秦舞阳拿的地图。”荆轲取过地图献上，秦王展开地图，图卷展到尽头，匕首露了出来。荆轲趁机用左手抓住秦王的衣袖，右手拿匕首直刺。秦王大惊，忙抽身跳起，挣断了衣袖，于是慌忙抽剑，可是剑太长，只是抓住了剑鞘，一时惊慌急迫，剑又套得很紧，所以不能立刻拔出。荆轲追赶秦王，秦王绕柱奔跑，大臣们吓得发呆。秦国法律规定，殿上侍从大臣不允许携带任何兵器；各位侍卫武官没有秦王命令，不准进殿。这时，侍从们喊道：“大王，把剑推到背后！”秦王把剑推到背后，才拔出宝剑攻击荆轲，砍断他的左腿。荆轲残废，就举起匕首直接投刺秦王，但没有击中。秦王接连攻击荆轲，荆轲被刺伤八处。荆轲自知已经失败，就倚在柱子上大笑，然后骂道：“大事之所以没能成功，是因为我想活捉你，迫使你订立归还诸侯们土地的契约回报太子。”这时侍卫们冲上前来杀死了荆轲。荆轲刺秦就以这样悲壮而又遗憾的方式结束了。

荆轲死后，关于他的葬身墓地历来有多种说法。一说荆轲被害后，尸骨被草草掩埋于咸阳附近，后来淇人为其义行壮举所感动，将其尸骨秘密迁回朝歌城南约1.5公里处埋葬。据淇县南关老人回忆，过去南关南堂庙里有一块石碑，上有“携其骸骨移葬故乡”等文字，可惜现已不存。另据《中国名人名胜大辞典》记载，荆轲墓“在淇县南一公里折胫河北岸，墓呈金字塔形土冢，高六米，占地约三十平方米，墓北有观音堂庙，庙碑刻亦记‘荆轲墓在庙南’字样”。《朝歌乡志》记载：“轲为淇人，刺秦失败后，淇人重义行，乃收其尸葬于此。”1929年，此墓曾被盗掘，相传出古剑一柄，长三尺，锈色斑驳，今已下落不明。

1985年9月，荆轲冢被公布为县级文物保护单位，原墓冢为圆形，直径60米，高10余米，20世纪70年代，村民在这里起土致使该墓冢遭到了破坏。近来，淇县加强了荆轲墓文物保护修复工作，2015年12月8日，淇县荆轲冢成功创建为国家AA级景区。

《左氏春秋》传承人——贾护

贾护，字季君，西汉黎阳（今浚县）人。约生活在汉元帝初元至更始年间（前48—25）。哀帝时待诏为郎，是《左氏春秋》重要传人之一，与经学家刘歆并称。

《左氏春秋》是春秋末期鲁国人左丘明所著，是继《尚书》《春秋》之后，开《史记》《汉书》之先河的重要典籍，是一部集大成的史学巨著。《左氏春秋》的承传有序，如《汉书·儒林传》、杜预注《春秋三传·纲领》所载：尹更始以《左氏春秋》授其子尹咸及翟方进、胡常。胡常授黎阳贾护，贾护授陈钦（字子佚）。陈钦授王莽，到将军。而刘歆从尹更始及翟方进受。由是传授《左氏春秋》者，是以贾护、刘歆的注解为依据的。

贾护

初唐善赋有文名——谢偃

谢偃（？—643），隋末唐初卫州卫县（今浚县卫贤镇）人，著名文学家。鲜卑族人，姓直勒氏，祖父孝政，为北齐散骑常侍，改姓谢。仕隋为散从正员郎。唐贞观初，应诏对策及第，任高陵主簿。唐贞观十一年（637），太宗驾幸东都，诏求直谏之士，谢偃上书极言得失，深受太宗赏识，引为弘文馆直学士，后拜魏王府功曹。谢偃尝作《尘赋》《影赋》甚工。太宗闻而召见，先为序一篇，授偃作赋，奉诏撰成《述圣赋》。太宗非常高兴，赐帛数十匹。贞观十七年，谢偃出任湘潭令，于当年病故。

谢偃善作赋，世称“李诗谢赋”。“李”指李百药，善作诗。谢偃著有文集10卷，《英公故事》4卷，皆佚。与萧德言等撰《括地志》550卷，为唐代地理名著，后多散失，今有辑本数卷。《全唐文》收其赋12篇，《全唐诗》收其诗4首。《旧唐书》《新唐书》有传。

• 唐代通俗诗先驱——王梵志 •

王梵志

王梵志（生卒年不详），原名梵天，隋唐时卫州黎阳（今浚县东）人，著名白话诗僧。

隋末战乱，家道中衰，王梵志务农经商。唐初，家产破败。王梵志当过监铸官，廉洁奉公，但任期未满即被革职。晚年，他皈依佛门，过着流浪生活，饱受颠沛之苦。曾写下了不少反映社会现实的白话诗歌，继承魏晋以来通俗诗的优良传统，开创一代诗风。其诗以说理劝世为主，多宣扬佛教思想，与偈语相近，对世态人情亦颇有讽刺。语言浅近俚俗，时有诙谐嘲谑之趣。

王梵志是唐代通俗诗派的先驱和代表，在中国文学史上占有一定地位。他的诗，被称为梵志体。唐宋时，王梵志的诗风靡于世，并传到日本。许多大诗人如王维、元稹、白居易、黄庭坚等都受其影响。直至宋代仍有许多人模仿其诗体，甚至著名诗人范成大也曾借用其句。

王梵志的诗大都佚失。唐大历六年（771），有110首诗手抄本传世。《宋史·艺文志》录其诗一卷。清光绪二十六

【知识链接】

王梵志诗两首

遥看世间人

遥看世间人，村坊安社邑。一家有死生，合村相就泣。
张口哭他尸，不知身去急。本是长眠鬼，暂来地上立。
欲似养儿毡，回干且就湿。前死深埋却，后死续即入。

吾富有钱时

吾富有钱时，妇儿看我好。吾若脱衣裳，与吾叠袍袄。
吾出经求去，送吾即上道。将钱入舍来，见吾满面笑。
绕吾白鸽旋，恰似鹦鹉鸟。邂逅暂时贫，看吾即貌哨。
人有七贫时，七富还相报。图财不顾人，且看来时道。

年（1900），在《敦煌遗书》中发现其诗。1925年，刘复《敦煌掇琐》录王梵志诗一册。后有郑振铎校录《王梵志诗》一卷及佚诗16首。1983年10月，中华书局出版了张锡厚校辑的《王梵志诗校辑》，收诗作336首（不含附诗12首），是目前收其诗最多的一部著作。

• 文武双全威宁伯——王越 •

王越（1423—1498），字世昌，浚县人，以功封威宁伯，世称“王威宁”。

明景泰二年（1451），登进士第，授监察御史，负责巡察陕西。听说父亲去世，王越未等人代理自己职务就回家了，因此遭到都御史弹劾。天顺初，王越被起用掌诸道章奏，因政绩卓著被提拔为山东按察使，天顺七年（1463），被提拔为右副都御史，巡抚大同，整饬边务。成化三年（1467）后，王越先后任右都御史，总督陕西、宁夏、延绥三镇军务，左都御史，加太子少保，兵都尚书兼掌都察院事，太子太傅，佩将军印，任总兵官，总制宁夏、甘肃军事，在延绥、河套、大同等地御敌，战功卓著。成化十九年，王越受汪直牵连，被夺封除名，谪居湖广安陆。弘治七年（1494），

王越出世

王越复官左都御史。弘治十年冬，敌寇侵犯甘肃，朝廷讨论复设总制官，大臣们先后举荐了七个人，皆不称职，吏部尚书提名王越担任，大家才感满意。于是下诏恢复王越原职，并总制宁、甘、凉军务兼巡抚。次年，王越在贺兰山剿敌获胜，加少保兼太子太傅。弘治十一年冬，受李广牵连，忧恨绵绵，病死甘州军中。朝廷闻讣，皇上为之震悼，辍朝一日。王越被赠太傅，谥襄敏。进士王阳明奉旨护灵柩至浚县葬王越于大伾山西麓。

王越镇守边关二十余载，身经百战，胸有伟略，屡次受奖，出境数百里，擒敌斩敌数千，夺获驼马万计，盔甲器物数万，追回被抢人畜三十余万，使河套地区久无边患。王越治军有方，改挖壕堑为筑高墙千余里，墩堡数十座。一遇有警，身不离鞍，手不离弓，或连日不脱衣甲，或终日不得饮食，寄存亡于呼吸之间，决成败于指挥之顷。知敌情伪及将士勇怯，出奇制胜，扬名边陲。王越善用人，奖励部下，举贤荐能。凡所推举之人，后皆名臣，健将武校多出其门。

王越的放马场

王越为政清廉，恪尽职守，光明磊落，周恤贫穷，饮誉乡里。王越作诗词文赋数百篇，后人辑有《王襄敏公集》。王越文武双全，一生坎坷，仍忠君爱国，始终如一，被世人称颂。《明史》有传。

• 公正廉明称“铁宋”——宋明 •

宋明（1447—1527），字惟远，号古愚，明浚县人。成化十三年（1477）中进士，观户部政。次年，给军辽东，归授云南司主事。巡督太仓粮储，铲奸剔蠹，使漕运官士咸以守法。成化二十二年，进阶承德郎，督储临清，依法严裁，贪污宿弊顿革。继升员外郎，复领山东、河南兑监。弘治十七年（1504），有中贵乞庄田打扰保定者，滥及容城诸县。宋明受命按察，依法处之。次年，升郎中，本敕册封怀庆府，宁竣还京，复命督理漕运。

正德七年（1512），宋明升任两浙转运使。当时两浙盐课久不法治，积弊丛生。宋明均派支，谨盘掣，禁私贩，赈贫贱，杜私谒，不畏强御，精心殚力，以事兴革，使盐法大振，权贵敛迹。有暮夜怀金赠贿者，宋明正色予以退，浙人称为“铁宋”。宋明后任山东左参政，受封中奉大夫，升为巡抚。

宋明为人耿介，不畏权贵。宦官刘瑾“故急贿，凡入覲、出使官皆有厚献”。宋明不与之合污，瑾诬其以盐课中饱私囊。有人为其安危担忧，宋明说：“我心无愧，虽死何憾？”刘瑾败亡，人服其量。

宋明为政廉洁，生活俭朴，自律甚严。官至三品，室无媵妾之奉。曾纳粟80石，于浮丘山千佛洞址改建浮丘书院，每日在书院教授子孙学业。邻里有婚丧之事不能办理的，赶快给予周济。乡曲有犯者，亦不计较，人无远近，莫不为之折服。明嘉靖六年（1527）正月二十四寿终，享年81岁，死后葬于大伾山北麓祖茔。

• 百年赋手曾傲物——卢柟 •

卢柟

卢柟（？—约1558），字少楩，浚县人。卢柟数次赴乡试不第，以赀为太学生。博闻强记，恃才傲物，因怠慢县令，被诬为杀人，打入牢狱十几年。他的好友山东临清人谢榛为他鸣冤京师，浚县代知县陆光祖为他平反，获释。出狱后遍游吴越，落魄病酒，郁郁而卒。有《蠛蠓集》行世。

卢柟生活在明正德、嘉靖年间，一生坎坷，受诬系狱期间，父母先后亡故，二子夭折。不幸的个人遭遇和艰难的生活环境，使他精神上受到沉重的打击，但也成就了他文学上的高名。他的许多诗、文、赋都是在监狱里创作的，“比年来，桎梏无昼夜，或为文赋，腹稿成则请于司圜氏，解刑而后书，已，则复刑”。

他将自己的文集名之曰“蠛蠓集”，据卢柟自序所云，有三个原因：其一因蠛蠓洁于自奉，介于自守，不如蚊蚋浸秽强啖。其二因居蓬茨藜藿，不是名门贵胄，孤独穷困，弱小如蠛蠓。其三因诬系狱，奔走呼号，无人理会，颇“类蠛蠓之厄燕吭，罹蛛网，振其音而喑喑者”。由此可见文集中包含着卢柟的血泪和悲愤。

卢柟称自己“志行狂简，言多激越”，实际上是他志向远大、怀济世之才而无所用的愤世嫉俗的表现，是他对自己人格的一种维护和自尊。这种性格体现在诗里，就形成了豪放的特征和风格。他羡慕孔明，“孔明昔未遇，茕然守幽独。蓬蒿深没人，高风满山谷”，而一旦风云际会，“时来乘云龙，天人播芳馥。三分割梁益，伯王气始肃”。他亦希望捐躯疆场，建功立业。正德、嘉靖年间，边患时起，战事不断。卢柟对此有充分的认识，他指出：“时边人猖獗，河北诸镇大城小邑为之惴栗……岛夷人寇濒海诸郡，汀漳延邵乘势偷攘，腥风虐焰，煽动江淮。土著之贼，潜发肘腋，揭竿斩草，谁何于延卫之郊。”一面是国家正值多事之秋，急需人才，一面是怀才之士不被任用，现实就是如此矛盾，怎能不让卢柟言语激切，发出报国无门的悲壮之音。《诏狱结后书情敬呈王龙池二府兼致谢意》是他的代表作之一。

卢柟的赋在当时也很有名气。从内容来看可分两类，一类是酬应之作，一类是抒情言志之作。

卢柟才情所致，为文亦颇可观。如《幽鞫赋》《放招赋》《九骚》等，王世贞尤为称道，称其为“数百年赋手”。

• 三部尚书明栋梁——王在晋 •

王在晋（？—1643），字明初，号岵云，明代浚县人，侨居太仓（今属江苏）。《明史》列传第一百四十五记载，王在晋，万历二十年（1592）中进士，初授中书舍人。自部曹历监司，由江西布政使擢巡抚山东右副都御史，进督河道。泰昌时，迁兵部左侍郎。天启二年（1622）署部事。三年迁兵部尚书兼右副都御史，经略辽东、蓟镇、天津、登莱，替代熊廷弼。八月改南京兵部尚书，寻请告归。五年起用为南京吏部尚书，不久改任兵部尚书。崇祯元年（1628）召为刑部尚书，不多时，迁兵部尚书。因受张庆臻改敕书事牵连，削籍归，卒。

王在晋

王在晋常年领兵打仗，多才多艺，乃标准儒将。在明与后金的战争中，他与参政袁崇焕击退努尔哈赤进攻宁远（今辽宁兴城）的著名作战，彰显了他的军事才能。

他一生著作甚丰，著有《越镌》《历代山陵考》《海防纂要》《总部疏稿》《经略抚齐中枢疏》《龙沙学录》6卷、《通漕类编》9卷，《辽记附述》《辽评纪要》《评辽续记》《兰江集》《西湖小草》《三朝辽事实录》等。

其中《三朝辽事实录》成为明清之际东北两大著名文献之一，为先清时期东北地区的珍贵史料。此书系王在晋任辽东经略期间编著，对明朝方面的史实记载颇详，是清朝官书无法比拟的。本书对后金、明朝、蒙古三者之间关系的记述颇有见地，是研究清入关前东北史及明朝、女真、蒙古之间关系的重要资料，可补清官书之不足。

王在晋家教甚严，清兵南下时，王时敏等当地乡绅聚集在孔庙的明伦堂商议降清事宜，唯王在晋独生子王会华低头不说一句话，回至家中后，即开始绝食，以表示不肯降清之决心与节操，终因绝食七日而亡，令人钦佩。

• 淇卫名胜留墨迹——孙征兰 •

孙征兰（1586—1653），字九畹，自称“睡仙”，淇县南阳村人。少年聪明好学，人称灵童。明万历四十三年（1615）考取举人。明天启二年（1622）中进士，不久，升监察御史、侍殿陛，助朝议政。明崇祯年间，转任福建道监察御史，后至四川布政司任参政，分守上川南道，曾监绵道军，振旅以律，于邛州峨眉开疆百余里。晚年返乡。

孙征兰擅长书法，热心文化。他对家

乡十分关心，为弘扬家乡历史文化，他与知县蔡霍等在淇县城南关关帝庙前竖立自书的“殷朝六七贤圣故都”巨碑一通。他联络乡绅于城中心十字路口修文昌阁，在南阳村修玉皇阁。他不惜巨资于淇县西部山区大搞摩崖石刻：在灵山寺东崖高壁上刻诗“山卓碧云插汉，泉滃绿玉飞花，三仁六七贤圣，灵杰千古同嘉”；在武公祠东南崖壁上刻“圣从川湄千秋睿，德就山磨万古明”，字大盈尺，为馆阁体，秀雅刚劲；在孙老寨上顶东崖书刻“印月峰”三个正楷大字，气势磅礴，丰肥劲健；在云梦山水帘洞旁题《仙洞偶笔》三首，于水帘洞崖题词二句。他还在汲属香泉寺题楹联、横额，被称为“书林之秀”。著有《香国楼诗集》一书。

• 清朝直臣“高青天”——高遐昌 •

高遐昌（1651—1716），字振声，号菉园居士，淇县人。康熙十五年（1676）中进士。先任知县、知府，后转为刑部主事，继为户部郎中、兵科掌印都给事中，兼理京畿街道事。有《掖垣奏议》《菉园文集》等著作传世。

高遐昌幼年丧母，在父亲和继母抚养下长大。幼年家中贫寒，靠打柴度日，但其求知欲强，常爬墙偷听私塾先生讲课。一次被发现，竟能将听到的课文内容给先生背出，先生遂允其免费旁听。从此，他更嗜诗爱书，学绩特优，被视为神童。康熙十五年，进京应试，考中进士。

高遐昌初任湖广省常德府龙阳县知县，得知那里农民税赋很重，就力请上官递减之并上疏“请展赋期，后皆为定例”。

后高父病故，他回乡办理丧事后，调任广州府东莞县县令，在此地“恩威兼济，刁风以惩”。又调茂名、信宜等县任职后，“缉盗源、政清讼简”，他还注重“振兴教育”“组织军垦”，解决军饷不足的问题。

由于政绩显著，高遐昌升高州知府，又调北京任刑部主事、户部郎中。康熙四十六年，转为户部给事中，辅助皇帝处理奏章，稽查驳正六部的谬误。当时，满族大员托合齐任提督九门步军统领，领八旗步兵五个营，负责掌管九处城门，权力极大，自视皇帝同族，胡作非为，鱼肉商

高遐昌画像

民，被给事中王懿德上疏弹劾。时康熙帝在热河行宫，高遐昌随行，皇帝将王的奏章交高遐昌征求意见。高遐昌说：“臣陈述两点：第一，托合齐兵权太大，建议将他所辖兵分出三个营另派官统领；第二，托合齐为提督，不应干预地方民事，请把民事归地方管理。”康熙听后，命将京城治安交高遐昌兼管，让托合齐协助办理，并限期三年肃清京城一切流弊。

托合齐表面服从，暗地对高遐昌怀恨在心。康熙五十年，康熙自“畅春园”回宫，见内城一些街道，被商民盖房占去许多，遂令尚书赫硕色同托合齐察看，托合齐故意将赫硕色引至偏僻小巷，见此处居民盖房有300余间，均侵占街道。托合齐说：“这都是高遐昌任内发生的事，与我无关。”赫硕色即奏康熙，遂逮高遐昌入刑部狱。

其实，这是托合齐掌管京城治安时，借口整修街道，强迫商贾百姓拆房搬迁，使许多商民无家可归，群情共愤，怨声载道。高遐昌弄明真相，让商民仍将房子盖回原处，对有困难者给予补贴。不久，街市又繁荣起来，商贾百姓称高遐昌为“高青天”。

时尚书齐世武，是托合齐同党，向康熙上表：“高遐昌让百姓占官街收买人心，图谋不轨。”不久，定高遐昌不轨罪，准备用大刑逼供。幸有刑部主事蒋晟阻拦，暂免于难。托合齐一伙又诬告说：“高遐昌受街道居民贿赂，应加罪。”皇帝命刑部彻查，无据。竟准托合齐所奏，依《大清律》规定，当处绞刑，待秋后处决。

秋后复审时，监察御史、大理寺各官明察暗访，仍没发现高遐昌图谋不轨、受贿诸证。刑部尚书认定是一大冤案，就联合几个正直官员联名上奏替高遐昌鸣冤，康熙终于下诏将高遐昌释放。

高遐昌出狱时，京城商贾百姓，齐集狱门迎接，抬送高府。数日后，高遐昌以病请返乡获准。出京那天，送行者成千上万，拥满路旁街道，使他无法前行，一整天，竟未走出京城。

高遐昌居官多年，两袖清风。晚年弃官返乡，万念俱灭。他将部分祖传遗产捐出，建了康叔祠、文庙、奎星楼，扩建了武公祠，还乐善好施，扶危济贫。康熙五十五年，高遐昌因患泻症，殁于淇县北阳小屯村故居。他一生求学上进，人品情操高尚，为京城和淇民传颂。

康熙丙辰进士、翰林院侍讲彭定求曾写《过淇县怀同年高振声给事》诗赞颂高遐昌：

杏林追数旧游人，屹立朝阳一直臣。
苦节偏能撄虎穴，孤忠肯惮拂龙鳞。
藁街授首天刑速，郿坞燃脐国典申。
今日淇西客隐遁，停云冉冉感参辰。

• 革命志士留英名——张宗周 •

张宗周（1885—1917），名希圣，字宗周，浚县人，出身农民家庭。幼时读书，20岁考取庠生，浚县英文学堂肄业。1908年到开封河朔中学、省立师范执教。经常阅读留日豫籍学生创办的《河南》《豫报》等进步报刊，产生革命思想，与留日同盟会会员杜潜联系，拟往日本投奔孙中山，行至上海，因故未果。当时，同盟会总部在日本东京决议，各省同盟会支部派人回国建立分部。河南同盟会支部派杜潜赴开封，在繁塔附近的中州公学设秘密机关。张宗周和中州公学校长杨勉斋，学监韩立纶、杨名西、段厚甫以及郭仲隗、刘粹轩、刘芬佛、李心梅等加入同盟会，成为中坚力量。在他们的宣传发动下，先后入会者有200多人，建立了开封同盟会。1909年，张宗周在卫辉中学任算术、体育教习，课余时间与暴式彬、刘粹轩开展宣传活动，扩大革命力量。

1911年，张宗周辞去教习职务，与韩经亚响应辛亥革命号召，在沁阳组织武装，多次袭击清军。1912年3月成立临时省议会，张宗周当选为省议员，极力主张革新政体。他与沈竹白、程仲雨、曾可楼、杜潜、暴式彬、林柏襄等筹备成立“河南社会党”，设事务所于开封双龙巷路北。张宗周加入国民党后，为成立国民党河南省支部做了大量舆论和组织工作。国民党河南支部成立，张宗周任副评议长。1913年，袁世凯阴谋恢复帝制，公然撕毁《中华民国临时约法》，解散议会，清除异党。张宗周等遭到通缉，和暴式彬、韩立纶到博爱县隐蔽年余。1915年，张宗周和刘峰一、郭仲隗等在漯河开设蛋场，在工人中进行反袁活动。1917年7月，张宗周赴广州参加孙中山召开的非常国会，随同孙中山到上海。不久，张宗周奉命回豫，与暴式彬一起被派到南阳吴庆桐（奉天留豫先锋队统领，南阳镇守使）部，策动起义，事泄被害，时年32岁。后来，浚县人民在城内小姑山建“宗周祠”。

1925年，于右任、胡景翼、杨虎城、张钫等发起在新乡市东北卫河之曲建立“暴张公园”，以纪念暴式彬、张宗周两位革命烈士。

书法诗词皆大家——萧劳

萧劳（1896—1996），原名禀原，字钟美、重梅，号萧斋、善忘翁。祖籍广东梅县，生于鹤壁浚县城关镇。中央文史研究馆馆员、民革中央团结委员、中国书法家协会名誉理事、北京中国书画研究社社长、中山书画社副社长，著名书法家、古典诗词家。

萧劳自幼从父萧亮飞学习书法、诗词。1916年考入北京大学中文系。五四运动爆发后，萧劳投身于反帝反封建爱国运动，与许德珩、邓中夏等人一起，高呼“外争国权，内惩国贼”口号，走在游行队伍前列，并参与“火烧赵家楼”的壮举，抗议北洋军阀政府签署丧权辱国的“二十一条”。1920年毕业，萧劳获文学学士学位，先后任江苏督军署秘书、苏皖赣巡阅使署一等秘书、苏州烟酒公卖局局长、河北省民政厅秘书等职。1926年，萧劳出任河北省昌黎县县长，禁止贩毒吸毒，对贩毒的9家日本洋行予以查封，将串乡贩毒的日本浪人逮捕法办，并通过天津《益世报》公开揭露日商的贩毒行径，维护民族尊严。1937年，抗日战争爆发，河南省政府通令豫北各县坚壁清野，焚烧仓库存粮。时任省政府主任秘书的萧劳竭力主张，正值荒岁歉收，理当放粮于民。几经书谏，得以实施。1939年担任中央银行国库局文书科主任（兼管人事）期间，萧劳因洁身自好而为贪官所不容，被迫退职赋闲。

萧劳

中华人民共和国成立后，萧劳致力于书法组织活动。1952年，与张伯驹、郑诵先等人发起成立北京中国书法研究社，多次举办书法展览和中日书法交流活动。1979年，又发起成立北京中国书画研究社，被推举为社长。1980年，被推举为中国书画家联谊会首任会长。1984年，任中山书画社副社长。1986年，被聘为中央文史研究馆馆员。1987年，在日本东京举办萧劳、萧可佳祖孙书法展。

萧劳擅长书法。初学石鼓文、颜体碑帖，后精研唐代褚遂良《雁塔圣教序》和李北海《云麾将军李思训碑》。擅长行草，融刚劲秀拔于一体，自成一家。80岁后致力榜书，笔力遒劲，大气磅礴，名重海内外。

萧劳在古典诗词曲创作上亦有很高的成就。一生创作诗词曲近万首，已印发的有《北征草》《震余集》《弃余集》《草间集》《萧劳诗联自书墨迹》《萧劳诗词曲选》等，饱含丰富的人生阅历和体验。

萧劳对浚县感情深厚，曾先后为新编《浚县志》《浚县体育志》《浚县商业志》题写书名，为浚县档案馆题写馆名，为李星章、卢荫棠题写“黎阳春永”“蠖蠖世家”匾额。89岁高龄时，作《梦重游大伾》诗，表达对家乡山水梦萦魂牵的情结。

• 桃李英才满天下——刘景芳 •

刘景芳（1902—1979），数学家，淇县朝歌镇稻庄人。自幼在本县上小学，后考入开封一中学习，1921年以优异的成绩考入北京国立师范大学，1927年赴法国留学，八年中获天文、数学博士学位，1935年回国，先后任北京大学、中法大学、北洋大学、辅仁大学、北京钢铁学院教授，担任过教研室主任、系主任、教务长等职务。由于治学严谨，诲人不倦，讲课高屋建瓴，深入浅出，深受学生欢迎。他从教

40年，桃李满天下，曾任全国人大常委会副委员长的王光英、全国政协常委的王光美都是他的学生。

在解放战争中，他结识了共产党员申伯纯，申伯纯是中共著名情报工作者，新中国成立后，担任全国政协秘书长。刘景芳在申伯纯的引导下，政治觉悟不断提高，并在地下党的领导下，掩护进步学生，反对国民党反动派，为北京的解放做出了一定贡献。1949年10月1日，他光荣应邀登上天安门观礼台，参加了开国大典。1979年在北京病逝。

• 小麦育种成专家——赵洪璋 •

赵洪璋（1918—1994），我国著名的小麦育种学家，淇县人。6岁上学，12岁到安阳读初中，18岁高中毕业，1940年毕业于西北农学院农艺系，曾在陕西农业改进所从事作物研究，历任西北农学院副教授、教授、副院长。1955年当选为中国科学院学部委员（院士的前身）。

赵洪璋长期从事小麦育种工作。他以生物进化论为指导，综合运用作物生态学、遗传学及其他生物科学理论，结合农业生产的发展，先后选育出“碧蚂1号”“碧蚂4号”“西农85”“6028”“丰产3号”“矮丰3号”等小麦优良品种，形成了一套卓有成效的小麦杂交育种方法，并大面积推广，为小麦生产做出了贡献，曾获得过全国劳动模范称号和全国科学大会奖。其中“碧蚂1号”的推广种植面积在1959年曾达600多万公顷，这是迄今为止我国推广面积最大的小麦品种；抗吸浆虫品种“6028”的种植面积达33万公顷，这对受吸浆虫危害的陕西关中、晋南、豫北、皖北、苏北等地的小麦生产起了恢复和发

赵洪璋雕像

展的作用；“丰产3号”推广种植面积在1976年曾达近200万公顷，这是当时黄淮麦区种植面积最广的小麦品种。

赵洪璋认为，小麦杂交育种的基本理论是生物进化论，必须全面地制定育种目标、选配亲本杂交组合并做好杂交后代选育工作。著有《碧蚂1号小麦选育经过》《小麦高产新经验》《陕西小麦》等。

• 豫剧名丑创牛派——牛得草 •

牛得草（1933—1998），原名牛玉林，曾用名牛俊国，字料足，号饮水，河南尉氏人，民盟盟员，国家一级演员，历任鹤壁市豫剧团副团长、团长等职。曾任中国戏剧家协会会员、河南省戏剧家协会理事、鹤壁市戏剧家协会主席等职，先后当选为鹤壁市第三届、第四届人大常委会委员。

牛得草幼年家庭贫穷，跟着母亲在黄河畔流浪乞讨。自幼热爱豫剧，10岁便师从豫剧名丑李小需。由于勤奋好学，加之天资聪颖，12岁就在开封一带登台演出，崭露头角。1948年参加开封和平剧社，不久便成为台柱子。1957年经著名京剧丑角表演艺术家萧长华指点，技艺大长。1958年随黄河豫剧团来到鹤壁市。其主攻丑行，善演文丑，唱、念、做、打俱佳，朴实、洒脱的表演自成流派，风格独特，逐步成为豫剧丑角艺术家，并成为牛派丑角的创始人，在传统戏和现代戏中塑造了许多性格各异、风趣幽默、生动鲜明的艺术形象。尤其是在其代表剧目《唐知县审诰命》《卷席筒》《拾女婿》《做文章》中扮演的唐成、张仓、姜老哏、张洪元等角色，给观众留下了深刻印象。1979年牛得草带剧目《唐知县审诰命》参加了文化部主办的庆祝新中国成立30周年献礼演出，获创作、演出两个一等奖。后由北京电影制片厂易名《七品芝麻官》搬上银幕，该剧于1981年获第四届“百花奖”最佳戏曲片奖，1992年被灌制成唱片，获第二届“金唱片”奖。香港《大公报》撰文称牛得草为“东方的卓别林”。

在传统戏剧中，丑角总是被讽刺和嘲弄，然而牛得草在艺术实践中塑造的“七品芝麻官”唐成这一形象，外丑内美、机智幽默、诙谐洒脱，一扫丑角戏的浮、浅、露、俗之弊，开创了丑角正演的新路子。牛得草把“当官不与民做主，不如回家卖红薯”当作剧中县官唐成的为官之道，唱响了天南海北、大河上下，深受百姓的称赞。

在表演艺术上，牛得草始终追求宋人陈郁在画论中所说的“写其形，必传其神；传其神，必写其心”的艺术境界。在表演动作上，牛得草注意吸收其他剧种技巧，丰富自己的表演艺术。剧中唐成面对状子的念白，采用的是京剧《法门寺》中丑角的技巧。在唐成上任一段戏里，为表现唐成因当上县官而兴高采烈、得意而有点忘形的心态，牛得草把手中的扇子舞得随身飞来飞去，头上的帽子晃得时而双翅滚翻，时而单翅摇动。这旋转如飞的扇子、弹跳的乌纱帽帽翅和那抖动的胡子被人们称为一绝。其中，扇子功来源于川剧小丑的表演，帽翅功来源于蒲剧老生的技巧。

牛得草饰演唐成

豫剧牛派艺术传人中的“四草一金”（葛圭璋，艺名葛草旺；牛亚非，艺名小牛得草；王艺红，艺名牛小草；张仙草；金不换）都在继承发展着牛派艺术，牛派艺术已经成为河南著名的文化品牌。

牛得草《七品芝麻官》选段

寻根问祖

——淇水孕育的姓氏之源

昔闻淇澳水，今过武公乡。清远云沙净，幽深草树荒。

——[明] 张璧《谒武公祠》

如今的淇澳之地，是当年卫武公的家乡，天气晴朗的时候，淇水两岸风光秀丽，人头攒动，人们赏景品诗，兴致盎然，评史论今，谈笑风生。明代大臣张璧诗中的武公祠虽然已经消失在历史的长河中，但是人们寻根问祖的热情却没有随着历史的远去而冷却，反而随着时代发展越发浓厚起来。因为，姓氏是中华民族重要的文化传承符号，作为炎黄子孙，渴望了解民族文化，辩证地对待民族文化，继承和发展民族文化，正是民族不断发展强大的重要保证。

清代张澍在《姓氏寻源》中写道："参天之木，必有其根；怀山之水，必有其源。"姓氏便是中华文化的一个重要源头，而淇水之滨的鹤壁，正是中国姓氏文化的重要起源地。在今天中国常见的姓氏中就有67个起源于朝歌，所以，朝歌被称为"姓氏之根"。

• 朝歌古都　姓氏之根 •

鹤壁依山傍水，历史悠久，其境内的淇县即因淇水而得名，曾是殷商古都朝歌，在历史长河中形成了浩如烟海的姓氏文化。在今天中国常见的姓氏中就有67个姓氏起源于朝歌，因此朝歌被称为“姓氏之根”。在云南昆明世博园有一面寻根墙，上面刻着156个常见的姓氏，其中的王、孙、林、石、康、殷、卫、牛、宁、寇、常、戴、樊、武、邓、骆、商、阴等18个姓氏明确起源于朝歌。

殷商文化研究专家王革勋考证出了李、王、卫、孙、褚、殷、康、林、牛、常、禄、寇、孔、宋、比、箕、鲜、元、穆、萧、石、武、谈、通、汲、戴、桓、向、樊、凌、宁、聂、弘、沙、宗、冷、礼、晁、繁、齐、庶、甫、鹿、弥、梅、枣、析、徵、葵、免、承、仪、司马、皇甫、熊率、白马、商丘、史晁、史叶、羊角、仲叔等61个姓氏或起源于淇县殷商时期的都城朝歌，或与朝歌有着直接的历史渊源。

河南省社会科学院张新斌研究员考证的起源于淇县朝歌的160余个姓氏中，有相当一部分起源于卫国诸侯、大夫、贵族或名人，有的起源于卫国的官名、城邑或方位。

韩国的殷、林、孔、韩、奇等姓氏也起源于朝歌，这些姓氏的传人在家谱中将商王帝辛（纣王）和商朝大臣箕子作为自己的始祖。

[殷] 源于殷商国名。周武王灭纣，封纣王庶兄微子启于宋，其子孙不得封者，以故国名为姓氏，王室后裔为殷姓，源于殷商帝都朝歌。

[卫] 源于周文王的第九子康叔之后，以周国封地卫国为姓氏，卫国建都于朝歌。

[商] 源于商王族后裔，以商国名为姓，汤灭夏，建商朝，商被周灭，子孙以国名为姓氏。商都，今淇县。

[康] 源于姬姓，为康叔后裔，周封康叔为卫君，建卫国，康叔死后谥号是“康”，其后代便有以谥号为姓氏的。或以封邑为姓氏，卫国建都于朝歌，故康姓源于今淇县。

[石] 出自姬姓，春秋卫国公孙碏，字

石，大义灭亲，称为“纯臣”，石碏后代以石为姓氏。

[寇] 以官名为姓氏，春秋卫国康叔为周司寇，子孙以官为姓。

[常] 出自姬姓，以封邑名为姓氏，卫康叔封儿子在常。卫国灭亡后，其后裔有以国为氏姓卫，也有以邑为氏姓常的，史称常姓正宗。

[戴] 殷氏改戴姓而来。

[孙] 出自姬姓，周封康叔于卫，他的八世孙姬和因灭西戎有功，被周平王赐为公爵，史称卫武公。卫武公有子名叫惠孙，惠孙的孙子名乙，字武仲，把祖父字作为姓氏，姓孙。因此武仲又称孙仲，其后人以孙为姓。

[白马] 殷商王朝崇尚白色，故而微子启来朝也骑白色马，故有微子启后裔以白马为姓氏，称白马氏，后多省文而简化为单姓马氏。

起源于朝歌的姓氏远不止上述的这么多，在为数众多的姓氏中要将起源于朝歌的每个姓氏的来龙去脉都弄清楚几乎是不可能的。上述姓氏的起源仅限于商朝后期在朝歌立都期间和从西周卫国始封到公元前660年将国都从朝歌迁出的这一历史阶段内，这一历史阶段也正是中国姓氏文化形成和普及的重要时期。

古都淇县在中华姓氏文化发展中的重要地位不仅表现在它是如此众多的姓氏的起源地，还表现在起源于朝歌的姓氏在全国的繁衍和辐射能力。

早在周武王灭商时，商朝大臣、太师箕子拒绝投降，他带领商朝遗民5 000余人离开朝歌，在胶州湾东渡大海来到朝鲜半岛，创建了箕子王国，如今朝鲜半岛的康姓，正是源于朝歌。与此同时，朝歌的大批前朝贵族被流放，大量的百姓为避乱远走他乡。这是淇县历史上的第一次宗族大迁徙。

西周初期，由于殷纣王的儿子武庚联合管叔、蔡叔和霍叔一起叛周，西周自武王伐纣之后再次东征朝歌，武庚和管叔被杀，蔡叔和霍叔遭流放，朝歌的大批奴隶主被视为“殷顽民”，由朝歌押送到洛阳，在周兵的监视之下成为周朝的顺民。

商朝遗臣微子是纣王的反对派，后来因没有参加武庚叛乱，受到了西周的青睐，于是被封到商丘建立了宋国。微子到商丘时从朝歌带走了一批殷商遗民。

周公之子伯禽到曲阜治鲁时，朝歌有六大家族的人被带到鲁国成为鲁国的奴隶。

【知识链接】

卫国姓氏文化苑

2016年5月，在第十二届深圳国际文化产业博览会上，淇县人民政府与中华康氏文化研究会就卫国姓氏文化苑项目举行了签约仪式。

卫国姓氏文化苑项目是河南省文化产业的重大项目，位于淇县朝阳山景区东侧，占地面积约155亩，总投资约6.5亿人民币，主要建设康氏文化广场、山门、牌坊、思源殿、始祖殿、历代名人馆、族谱馆、民俗馆、功德林和碑林等，体现卫国卫康叔及石氏、殷氏、林氏等相关姓氏文化，建成后将成为全国姓氏文化研究中心。

卫国姓氏文化苑项目紧临222省道、鹤辉高速，与国家AAA级旅游景区朝阳山、全国美丽乡村灵山小镇相邻，区位优势明显，旅游资源得天独厚，项目竣工后，可与朝阳山景区、灵山小镇形成资源互补、共同发展的良好局面，成为集休闲、观光、寻根、问祖于一体的文化旅游胜地。

到了公元前660年，卫国国都朝歌被北狄攻破，卫国被迫迁都，大批卫国贵族及文武百官随之迁徙。

当年朝歌人每一次大规模迁徙，到新的居住地后都播下了姓氏发展的种子，再衍生出众多新的姓氏。比如，现在常见的宋、孔等大姓便是微子受封宋国（都今商丘）后产生的姓氏。

另一方面，西周初康叔受封卫国，他从康国带来了两万多人来到朝歌一带定居。这是淇县有史可查的第一批外来人口。

及至元朝，在1225年设置淇州，元朝廷将大名、彰德、卫辉三府的5 000户“漏版户”迁到淇县垦荒和定居，淇县人口及姓氏数量随之大增。

明朝初，淇州改为淇县，这时的淇县及周边地区因战乱、灾荒和瘟疫导致地广人稀、土地荒芜。在明洪武至成化年间的移民运动中，朝廷将山西“有丁无田”之户迁到中原广大地区定居。这期间淇县各地都有从山西迁来的移民。

另据淇县一些家谱记载，还有一些人口规模较大的家族是在不同历史时期从不同的地方迁入淇县的。比如淇县的高氏、冯氏、关氏、郝氏、周氏、子贡氏等家族分别是在宋、元、明、清不同时期由山东临淄，山西上党、长治及壶关，河北磁县，河南汤阴等地迁入淇县定居的。

• 指林为姓　指泉为名 •

林坚是林姓的始祖，天下大部分林姓起源于淇县的“长林石室”。

淇县黄洞乡的鱼泉村地处古都朝歌西边的太行山区，村边一座峻峭的山峰名为仙人梯，仙人梯上面天然的石洞群称安乐窝，即史书中所说的“长林石室”，这里便是殷商末期少师比干之子林坚的出生地。

安乐窝里面有一对母子的塑像，如真人般大小。这对母子是比干的夫人陈氏和他们的儿子林坚。相传当年比干遇害后陈氏就躲在这里生下了林坚，因此当地人称这个洞穴为林坚洞。林坚洞的顶部悬着一对碗口大小、酷似乳房的钟乳石，相传这对钟乳石是陈氏夫人被周武王诏命下山之前特意留下作为纪念的。

20世纪60年代在安乐窝下面修公路时，安乐窝旁边还有一通高约1.2米、宽0.65米的古碑，碑上除了“长林石室，淇园绿竹”8个大字外还刻有几行小字，记载着比干夫人在此生下林坚的那段往事。仙人梯上有众多古代摩崖，有一处摩崖上刻：“山里石窟楼上楼，淇水澳澳绿竹悠。洞生林泉子逃逝，母子幸存仙人岫。”

鱼泉村安乐窝东边有道山沟名叫林泉沟，因林坚在此出生而得名。鱼泉村的人称林坚为林泉，他们说林坚出生后起名为

林

鱼泉村仙人梯『长林石室』内林坚母子塑像

林泉，林坚这个名字是后来周武王赐的。当地流传的一首民谣说道：“陈氏避难怕纣王，长林石室把身藏；追兵搜山巧应对，躲过大祸事一场。”

林坚的母亲陈氏身为当朝少师之妻，为何躲到山洞里生孩子呢？传说当年比干被剖心后，纣王还要对比干满门抄斩，比干的两位夫人随时都有生命危险。情急之下，大夫人跪倒在身怀六甲的二夫人陈氏面前央求说：“你赶快逃命，不要再管我了。你能逃出去，大人今后就有传宗接代的根苗了。”陈氏听从大夫人的劝告，决定立即带着婢女逃出朝歌城。可是这时纣王派来的兵士已经闯了进来，陈氏向他们哀求说：“给少师大人留个根吧，将来我们母子不会忘记你们的大恩大德。”兵士感念比干的忠贞，遂动了恻隐之心，放走了陈氏。纣王得知陈氏逃出了朝歌城，遂派兵四处搜寻。

忠谏亭

此时陈氏已在婢女的搀扶下向大山里逃去，最终藏身于山洞之中。不久，陈氏生下一子。有一天，纣王派兵来到仙人梯搜山，未等陈氏母子躲进山洞，搜山的人已发现了他们。搜山的人问：“这孩子姓什么？”陈氏灵机一动，指着山下的竹林回答：“孩子姓林。”“孩子叫什么？”陈氏指着哗哗的山泉说道：“叫林泉。”于是搜山的人放过了陈氏母子。林泉（坚）会走路以后，白天喜欢到安乐窝东边的山沟里玩耍，到了晚上才回到洞穴休息，当地历来传说他“白天蹲大沟，晚上睡山洞”。他玩耍的这条山沟至今仍被称为林泉沟。

殷商亡，周朝立。周武王下诏让陈氏母子出山，并为比干之子赐名林坚，希望他将来秉承父志、坚贞不屈。

林氏后裔支脉茂盛、人才辈出，林姓人口已发展到约2 000万人，其中在国际上有重要影响的达300人。人口众多的林氏后裔遍及华夏大地及世界各地。

林坚是林氏始祖，比干是林氏的太始祖。比干殉难处的淇县摘心台公园每年都要接待数以千计来自各地的林氏后裔。目前，淇县有星心阁、摘心台、忠谏亭、三仁祠、三仁柏等多处比干遗迹、遗址和纪念场所。

位于淇县南边的新乡卫辉市比干庙是全国及世界各地殷商后裔祭祀比干的地方。自20世纪90年代以来，卫辉市连年在比干庙举办世界林氏大型祭祀活动，参加祭祀活动的林氏后裔们自然也要到比干故里淇县谒祖。

林氏后裔中的知名人士林英海、林炎志、林斤澜、林默涵、林毅夫等都曾专程到淇县寻根问祖。20世纪90年代初，鹤壁市成立了林氏文化研究会。该研究会成立后多次组织开展了林氏后裔祭拜、捐赠、文化交流及其他联谊活动，出版了内部研究期刊，在林氏文化研究上取得了一系列成果。

• 儒商鼻祖　出自黎阳 •

端木氏源起至今已近3 000年历史，从子贡算起也已2 500多年。端木氏最早时以父名为姓。史料中记载，端木氏源出于黄帝。当初，黄帝次子昌意生颛顼，颛顼生称，称生卷章。卷章生二子，长子重黎，次子吴回。吴回生陆终。陆终生六子，少子季连。季连生附沮，附沮生穴熊。繁衍至二十余世生鬻熊，鬻熊是西周文王和武王的老师。据《端木氏家谱》记载，鬻熊生二子，长子熊丽，次子端木。端木生典，典以父名为姓，名端木典，这是端木得姓之始祖。

到了西周末期，端木典的后裔端木舒随周平王东迁。端木舒生子彻，端木彻生子绒，端木绒生子容，端木容生子宿，端木宿生子广单。端木广单被卫献公聘为客卿。自此，端木氏迁居卫国。端木广单生子伾，端木伾生子巨。端木巨在卫灵公身边为官，能够“匡君泽民，称卫之贤大夫”。端木巨娶蘧氏，蘧氏“天性贤良，仁慈端庄，怀孕十月，梦神赐宝玉”，遂诞子，起名端木赐，字子贡。

2 500多年来，由于战乱、灾祸、就业、婚嫁等原因，端木氏在繁衍中不断播迁、演变。秦朝时端木子贡第九代孙端

浚县子贡墓

木肇为避秦始皇焚书坑儒之祸，去端姓木后举家迁居山东。秦朝灭亡后端木肇之子庚又恢复端木姓，并迁归原籍浚县，自汉至三国时，有的木氏后裔落户河北。两晋及南北朝时期，木姓人口有少量播迁至江南，进入湖北、安徽、江苏、浙江等地。到了隋唐时期，木姓人口繁衍兴旺，人数大增。北宋末年金兵大举压境，有些端木氏和木氏后裔南迁，迁徙中有的仍姓端木，有的去端姓木，有的去木姓端。明清时期均对端木子贡进行追封，客居他乡的木氏后裔有的回归祖籍河南，有的在闯关东大潮中迁入东北。木氏后裔在全国分布广泛，有的移居我国台湾及其他国家，今以山东的木氏人口居多。

东汉初年，子贡十六代孙端木伟之次子端木轩迁居大梁（今开封）。三国时，子贡二十三代孙端木发之次子端木仁迁居延津。东晋时，子贡二十六代孙端木中见祖坟荒芜，率族人封墓筑垣，栽树立碑，碑题：“周端木子贡之墓”，并重修家谱。这是端木氏宗族活动的最早记载。北周时，子贡三十一代孙端木昂之次子端木如竹迁居青州（今属山东）。唐开元年间，子贡三十八代孙端木讷，官居中书舍人，为子贡修祠封墓。唐末，子贡第四十三代孙端木裕之少子端木纯迁居归德（今商丘）。北宋末年，子贡五十代孙端木高之次子端木曾迁居江南太平府当涂县（今属安徽）。这支子贡后裔以后又多次迁徙、流布，散居今江苏、安徽、浙江等地。元朝文宗时，子贡五十七代孙端木存德任河南开封尉氏县儒学教谕，其子端木朗因而留居尉氏。自此，端木氏大宗离开浚县。明初，子贡五十九代孙端木歆之次子端木谐迁居山东郓城，因得罪了朝廷为避难曾改姓林。明万历年间，因天灾人祸，子贡六十五代孙端木正避难寄居济宁州（今山东济宁）。清康熙年间，子贡七十代孙端木谦归居浚县，以守祖墓。康熙三十八年（1699），康熙帝南巡后返京，端木谦有幸迎驾觐见，受封为世袭翰林院五经博士。康熙四十二年，帝西巡回京途经浚县，赐端木谦“贤哲遗庥”匾额，其后代以长门长子世袭翰林院五经博士，至民国初年改为奉祀员。至今端木氏大宗传至八十二世，小宗已繁衍九十代。

端木氏祖上多单传，人口繁衍较慢，至今仍为小姓，其总人口不过5万。由于历史上不断播迁，其大宗虽仍在浚县，而支脉却遍及全国，在长江南北形成两大端木家族。江北端木家族主要分布在河南省东部和北部及山东省中西部，如开封、商丘、浚县、南乐、郓城、鄄城、聊城、济宁、曲阜等地，1 000余户5 000多人，这些子贡后裔因接近孔子和子贡故里，深为先贤子贡骄傲，有很强的宗族观念，宗族活动频繁，有修家庙、续家谱传统。从清乾隆年间开始，端木家族以御赐孔子后裔30字行辈命字，至今家族辈分昭然有序。今存有自子贡至今九十代世系家谱。

江南端木家族主要分布在江苏、安徽及浙江等地。这支族人迁徙频繁，居所分散，又远离祖地，族谱散佚，宗族观念、寻根意识相对较弱。近年又有小范围修家谱、祭祀等宗族活动。

单从人口数量上来说，端木氏算不上是个望族，可是端木氏在中华文明发展史上的影响力却非同小可。

浚县县城如今还有一处保存尚好的翰林府，这处深宅大院当年的主人正是清代康熙皇帝赐封的世袭翰林院五经博士端木谦。

翰林府位于浚县县城的西街，地处闹市，周边商铺林立，人来车往。古色古香的翰林府内则颇为清静，与近在咫尺的喧嚣大街恍若两个世界。大院内由北向南矗立着几栋具有明清建筑风格的两层楼房，

浚县翰林府

楼房与楼房之间错落有致地排列着一栋栋平房。时光一晃数百年，这处古宅能够保存如此完好堪称一大奇迹。

当年风光无限的翰林府今已物是人非，一代代世袭翰林早已作古，但是翰林府依然昭示着深得封建朝廷恩宠的先贤子贡的后裔、世袭翰林的特殊人生。

三国时期的端木庡才学高深，时称大儒，其文学上的造诣与孔融齐名，却又恃才傲物不事权贵，连魏文帝的召见也避之不理。元代的端木本中进士后，历任礼部主事、吏部郎中。元末明初的端木泰中武举人，由守府升至副将，再升为镇殿将军，战功卓著。

明朝初期的端复出（省木姓端）时任刑部尚书，他执法公允，深受推崇。端复出的大儿子端孝文任翰林院待诏，奉命出使朝鲜。端孝文的弟弟端孝思为朝廷史

官，精通文史，擅长书法，后来也受命出使朝鲜。孝文和孝思均以清廉为本，朝鲜为其兄弟立有“双清馆”。明英宗时期的端宏为进士，初任监察御史，后任按察副使、按察使。端宏之孙端廷赦，明嘉靖年间进士，历任监察御史、吏部侍郎、左都御史。端廷赦之曾孙端揆，为文史专家，著有《诗经辨疑》《史记评注》等流传后

【知识链接】

黎公祠

浚县子贡祠（摄于1926年）

子贡是春秋战国时期杰出的外交家、政治家，他将孔子儒家学说运用于经商中，成为家累千金的富商巨贾，被后人奉为儒商始祖。

他凭借能言善辩的口才和超群的外交手腕，使孔子的儒家思想遍及天下，后人无不敬仰。唐玄宗赐封端木子贡为“黎侯”，宋真宗加封子贡为“黎公”……子贡故里浚县的黎公祠（俗称子贡祠）则成为后人拜谒、追慕先贤子贡的圣堂。

宋徽宗政和五年（1115），当时浚县称浚州，治所在浮丘山上，孟子后人都水使孟昌龄代表官府，在浚县浮丘山修建了子贡祠庙，名为黎公祠，并由子贡后人专职掌管子贡祠庙祭祀。子贡五十世后裔端木高，是目前查找到的子贡后裔享受政府津贴（祭田二百亩）专职掌管子贡祠祭祀的第一人。

明代废浚州为浚县，县城向浮丘山北平地迁移。明弘治十二年（1499），知县刘台将位于浮丘山的子贡祠移建于浚县古城南门内南大街路东，直至20世纪50年代末，因农机公司占用被拆除。

昔日子贡祠类似于浮丘山碧霞宫的建筑格局和样式。它坐北朝南，占地20多亩，规模恢宏。祠西临街正对梅花巷（今三粮店处），有“先贤子贡故里”碑一通，通街牌坊一座，牌坊上题“黎公祠”。子贡祠大门前有照壁，过木栅栏大门，可见带前廊的卷棚顶大殿5间，殿内供奉着子贡塑像，大殿东西两庑设有黎公书院（又名性道书院）。栅栏门下，有卧碑6通，为明清时重修碑记以及奎图石刻。殿西北隅有棵胸围3米、枝繁叶茂的楷树，它叶如槐而较长，又似柳宽而短，只开花，不结果，每逢春天，褐色如桑葚一般的小花布满枝头，花团似锦。

世。端揆之子端肇震学识渊博，曾编修县志、府志和省志，并著有《史记解》一书。

清代时期的端木国瑚官至内阁中书，以文学见长，著有多部诗文集。其后的端木百禄和端木采均为清代文史界的名流。

浚县翰林府作为封建帝王崇尚子贡精神、褒奖先贤后裔的产物，为端木文化的研究工作提供了实物性的历史资料。日本学者、作家井上靖先生对研究端木文化兴趣甚浓，他曾说："在孔门高徒中，对子贡的研究最为落后，我想不久的将来子贡可能居于孔门研究的中心。"

2009年3月26日是端木子贡诞辰2 529周年纪念日，来自内地和香港的200名端木后裔组成的拜祖团在浚县举行第四届子贡后裔拜祖活动。同时，还到浚县文庙祭祀了子贡恩师孔子。斯人已逝，中华儒商鼻祖、先贤子贡的儒商精神在后人的继承中发扬光大。

• 岳飞后裔　淇县定居 •

如今，淇县的岳飞后裔为数众多，像西岗镇罗园村的2 000多村民中绝大多数人都是岳飞的后裔。

淇县文史专家岳武佐系岳飞第二十七代后裔。岳武佐在介绍淇县岳飞后裔的来历时说，岳飞有5个儿子、18个孙子、33个曾孙。岳飞在世时举家随军迁至南方，经过代代繁衍，岳飞后裔遍及中原乃至全国各地，有的还移居到了海外。淇县这一支岳飞后裔由岳飞次子岳雷的儿子岳纬所传。早在南宋末年的社会动荡时期，岳纬这一支岳飞后裔由南方迁回祖籍河南汤阴县。到了明朝末年，岳纬第十三代裔孙（岳飞第十六代裔孙）岳守贞在兵荒马乱中为保全性命将田产变卖后举家外迁，几经辗转最终定居淇县西岗镇罗园村。

淇县这一支岳飞后裔当年迁入时的情况，在清康熙三年（1664）《淇县岳氏家谱》的序文中也有介绍："原籍彰德府汤阴县孝悌里是所居也。当明祚既废、闯寇方灭之时，疑有未便，遂将田产尽鬻，散处四方，我十六世祖（岳守贞）择于淇而居焉。"

岳守贞是在清军入关、闯王李自成的大顺政权覆灭之际迁至淇县定居的。岳守贞举家从汤阴向外迁徙是受当时的形势所迫，这里有深层次的历史原因，说到底还是因为他们的祖先岳飞。早在宋金对峙时期，岳飞坚决主张抗金，并率领“岳家军”一次次痛击以女真贵族为代表的金军，阻止了女真人继续南侵，从而形成宋、金南北分治的格局。后来岳飞受到秦桧等人的迫害，家人一起遭受株连，他的次子岳雷充军到云南。21年后，孝宗皇帝为岳飞平反，于是岳雷回到南宋的都城临安。后来，岳雷这一支岳飞后裔中的一部分人回归祖籍汤阴。清朝政权建立后，统治者正是女真人的后裔。岳守贞身为岳飞第十六代后裔，当然害怕统治者的打击报复，即家谱中所说的“疑有未便”，不得不逃离祖籍。

岳守贞带着一家老小辗转来到淇县后，起初在青龙镇（今淇县西岗镇河口村）一个姓路的大户人家的菜园里打工，菜园的名字就叫路家园。岳守贞在路家园定居下来，依靠给路家种菜和卖菜来维持一家老小的生活。后来，岳守贞的子孙在路家园生息繁衍，形成路家园村。路家园村叫起来不顺口，人们为简便起见改称它为路园村，到新中国成立之初又演变为罗园村。罗园村姓岳的占绝大多数，多年来村里一部分岳飞后裔又陆续从罗园村迁至淇县其他乡村定居，目前生活在淇县的岳飞后裔多达三四千人。

• 于谦之后　定居浚县 •

今天居住在浚县卫贤镇于村的于氏家族是明朝政治家、军事家、民族英雄于谦的后裔。明成化二十年（1484），于谦三子于南道为生活所迫迁入浚县定居，至今在于村已繁衍二十四代，全村于姓人口达1500余人。除了于南道的大儿子外，他的二、三、四子后来由浚县迁出。至今，于谦之子于南道的后裔已发展到了万人以上，其中浚县和河北井陉县的于家村是于谦后裔最集中、人口最多的地方。

于

于谦

• 明朝灭亡　朱家姓王 •

淇县庙口镇王洞村和王滩村的王氏家族是当地的望族，这个家族原本姓朱，360多年前明末皇子、定王朱慈炯逃难来到这里后由姓朱改为姓王，“朱改王”从此开始。

在王洞村和王滩村之间的王家祖坟的墓碑上刻有“定王归宿”和“明崇祯之子广裕避嫌改名王公讳广大崔孺人陵墓”等文字。这是定王朱慈炯和妻子崔氏的墓碑，关于碑文的来历，朱慈炯的第十世孙王滩村的王庆说，这里姓王的都晓得自己是“朱改王”，朱洪武是他们的先人。当年崇祯的三儿子朱慈炯由京城逃难来到这里后更名改姓为王广大并在此定居。到现在王广大的后人已经繁衍了十七代。

《明史·诸王传》在介绍定王朱慈炯时给人们留下一个谜，书中说崇祯皇帝朱由检的第三个儿子朱慈炯在崇祯十四年（1641）九月被封为定王，当时朱慈炯10岁。崇祯十七年李自成攻下京城后，定王朱慈炯下落不明，即史书中所说的“不知所终”。

殊不知，淇县的庙口镇便是定王朱慈炯的归宿地。

那是甲申年即明崇祯十七年，李自成的起义军攻陷北京城，崇祯皇帝看到大势已去，遂把家人和心腹太监王承恩召集起来。他无奈地说：“朕登基以来，宵衣旰食，日理万机，但诸臣误朕，让朕回天乏力。”崇祯皇帝当场任命王承恩为提督京官，令王承恩想方设法带领易服更名的太子和永王、定王逃出京城，以图“留住青山，他日复国”。崇祯皇帝又在皇袍上御书，写完后交给王承恩。王承恩深感使命重大，遂让太子更名广初，永王更名广福，定王更名广裕，四人匆忙向崇祯辞别。在逃离的过程中，太子被李自成的起义军抓获，永王被起义军杀死。王承恩带着定王杀出重围逃出了京城。

定王随王承恩一路南下逃到淇河岸边，在太行山的一个山洞里住了下来。王承恩对定王说，眼下我们虽然逃出了虎口，但还要加倍小心。为免遭追杀，今后你我要以甥舅相称，你不能再姓朱了，要改姓王，名字广裕再改成广大。

王广大16岁时，在王承恩的操持下

与一姓崔的女子完婚。王承恩在他们结婚时取出崇祯在宫中交给他的皇袍，在皇袍内襟上写道：“庄烈三子朱广裕，避嫌改名王广大，婚配崔氏，启传后代，勿忘祖门。崇祯二十年。”王承恩将他们住过的山洞取名为王洞，王洞村由此得名。

由姓朱改为姓王的王广大与崔氏在此繁衍生息以来，逐渐发展成人丁众多的王氏一族。随着人口增加，王家人分地而居，于是又有了王滩村。那件祖传的皇袍一直由家族中的老家长保管着。在清末民初的那些年里，政治环境宽松了，这里姓王的人用不着再为自己是明朝皇帝的后代而担惊受怕，族人中的男性结婚当天，新郎要穿上皇袍完婚。每到清明节，族人要到祖坟举办坟会，在坟会上他们把祖传的皇袍高高挂起来，让全族的人祭拜。王庆的父亲结婚时还穿过那件皇袍。王庆十分惋惜地说，新中国成立前夕，祖传的皇袍在王洞村的老家长那里保管着，为生活所迫，这家人将皇袍改成小孩的衣服让孩子穿了，皇袍从此被毁。

“朱改王”之后的王家祖坟的墓碑上还刻有这样的诗句：“承恩苍天灰若木，

淇县『定王归宿』碑

托孤之志化夕阳。白骨飞灰从此去，任他神乌晓夜忙。”据称这是当年王承恩临终前发出的感慨。

“朱改王”已有360余年的历史，至今已繁衍了十七代。《王氏家谱》在叙述那段历史时这样写道：“闯王替天废明帝，崇祯托孤王承恩。王洞隐姓朱改王，续写家承启后昆。”

古城印象

——淇水馈赠的文化名城

清淇忆晓涉，尘虑得初盥。日色马上明，波痕鹭边浅。

——[清] 王闿运《秋晓风日偶忆淇上》

淇水明澈，波光中尽显诗情画意，让人见后印象深刻，久久不能忘怀。这既是清代大家王闿运的真切感受，也是从古至今见过淇水的人的共同感受。淇水，没有黄河、长江的汹涌澎湃，没有淮河、海河的流域广阔，但却时而浩浩巨流、时而涓涓细溪般颇有风韵地流着，让世人对其充满了喜爱。

自古至今，风云变幻，人事代谢，但人们对淇水的留恋不仅没有改变，反而与日俱增。人们青睐于此，在于淇水以其奔流不息造福了两岸苍生，孕育了两岸灿烂的文化，造就了像浚县这样的中国历史文化名城和淇县这样的河南省历史文化名城，同时也造就了鹤壁集、石林等一批历史文化名镇（乡）和大胡村等历史文化名村。人们喜爱淇水，更是对其无私馈赠的感恩。

名闻天下黎阳城——浚县

浚县地处太行山东麓与华北平原的过渡地带，是河南省唯一一座县级国家级历史文化名城。

浚县古称黎阳，商代称黎，西汉初年置黎阳县，明初称谓浚县至今。在2 000余年的历史长河中，浚地以孔子七十二弟子之一的端木子贡为代表的历史名人辈出，并以其独特的自然地理环境，逐渐发展成为古代华北地区政治、军事和经济要地。历史上，由于古黄河曾经流经于此，黎阳古城受其影响和历朝政治因素，城址几经变迁，最终于明代形成今日浚县县城之雏形。县城与大伾、浮丘两山紧紧相连，“十里城池半入山”，具有显著的山城特色。在浚县城区，卫水河如一条玉带蜿蜒而来，飘逸而去，给这座历史文化名城平添了几许灵秀之气。

浚县古城墙

保存文物特别丰富

浚县历史悠久，文化灿烂，遗存丰厚。目前已经发现的新石器时代至商周古遗址14处，汉代以来古墓葬20余处，南北朝至明清代古建筑、石窟造像、摩崖题记、碑碣等460余处。现有全国重点文物保护单位1处10项，省级重点文物保护单位6处14项，县级重点文物保护单位100处。后赵时依山崖雕凿的浚县大佛，高22.27米，为北方最大，全国最早。浮丘山碧霞宫，兼收南北建筑之长，规模宏大，风格独特，为豫北所仅见。北魏的天宁寺、唐代的千佛洞、宋代的天齐庙、明代的恩荣坊、清代的吕祖祠，以及各代诸多石雕石刻均有很高的历史价值和艺术价值。紧傍县城的大伾山、浮丘山平地突兀，景色宜人，文物古迹荟萃，摩崖题记遍布，且风景优美，自古即为河朔一大胜景，被誉为“豫北平原第一胜迹”。春秋时的端木子贡是孔子七十二贤之佼佼者，西汉时的贾护是《左氏春秋》的重要传人，唐初的王

浚县古城

浚县东大街民居

梵志开创了我国通俗诗话的先河，明代的王越“出将入相，文武全才”。浚县东大街和南山街传统历史文化街区是浚县的传统风貌街区；大伾山和浮丘山文物古迹荟萃；文庙、云溪桥、古城墙等文物古迹保存完好。

历史建筑集中成片

南山街始建于明代，南枕浮丘山，北抵文庙街，全长1 500米。街道两侧多为明清北方传统的砖木单层式双层建筑，高门台，外出檐，蓝砖灰瓦，青石铺路。其建筑风格、色彩和轮廓古朴典雅，真实地体现了明清时期的风貌。南山街与文庙街组成“丁”字形框架，与县城南大街、北大街紧密相连，文庙、明代县衙、翰林院、子贡祠、古城墙和文治阁等众多文物古迹分布街区，充分展示了浚县古城风貌及历史连续发展的文化内涵，在古城保护中占有举足轻重的地位。

东大街向西以文治阁为底景，节奏鲜明，两侧店铺鳞次栉比，一派热闹繁忙的景象；南小西门里，北侧界面接连两座大型建筑群（县衙和文庙）的大门和围墙，一直到小西门，南侧是普通民居院墙，静谧庄重；南山街由北向南，渐顺缓坡而上，两侧均为民居院落，街道开阔，院墙低矮，古树掩映，偶有行人走过，一派安详悠然的景象。

浚县小西门里民居

烧杂拌儿

民居特色鲜明，院落尺度亲切

浚县古城目前尚保留着许多比较完整的传统民居院落或格局，是豫北民居的建筑典型实例。进入大门，绕过影壁，一方院落，布置井然，别有天地，“深宅大院”“寻常人家”的传统居住空间景象便映入眼帘。

南小西门里官署坛庙街区保存基本完好；十字街（东西大街）商业街区，街道风貌有相当部分改变和破坏，但基本保持了历史的街巷格局；北小西门里居住街区，保存基本完好；端木坑—辛庄街—南仓口名人故里及居住街区，保存基本完好；南山街居住街区保存基本完好。

保留着传统格局和历史风貌

黎阳古城，建于明洪武三年（1370），初时城垣只有东、南、北三面，西以卫河作阻。明弘治十年（1497），在原基础上进行了大规模的全面整修。后又屡经修缮，至崇祯十一年（1638）已形成今天古城的规模。黎阳古城的布局有其独特的风格，既继承了中国早期筑城的传统，却又不是在有完整规划和设计下按规则布局营造起来的，而是从防御、防洪的角度出发，因地制宜。古人云：“浚城如舟在水中，则所谓舟居非水矣，虽然天如倚，盖地若浮舟，宁惟此城哉。”

浚县古城仍然沿袭了历史的街道格

局，以钟鼓楼（文治阁）为中心，街道穿越文治阁底部，形成南北大街和东西大街为主的大结构格局，即主要有东西南北四条主要街道，分别是东大街、西大街、南大街和北大街。东西大街之北又有北小西门里—北仓口，南小西门里—东后街两条横向次街，关帝庙街一条纵向次街及新小西门里、县前街、文庙街、礼门、东斜街、马号口、后水坑、枣园街、北菜园胡同、东关丁字拐和东顺城街等小段街道。

东西大街之南又有南山街一条纵向次街以及南仓口、辛庄街、西后街、王爷庙街、梅花巷、东城墙街、顺河后街、西城弯胡同和南东城墙街等小段街道。为了古城经济的繁荣，在城西门外建立码头，大小船只来往于南北，货物装卸不停，客商川流不息。有金石记曰："浚城西有卫河环带，河与城相距咫尺，河向东北而逝于天津，直至燕都，商人借此以通贸易，得息不啻三倍此利也。"许多商店、茶楼、酒馆和旅店等布满大街两旁，手工业作坊到处可见。南北经济交流有力地促进了农业和手工业的发展。城内及城四周先后增修和重修了许多亭台楼阁及各种庙宇，既点缀了市容，又迎合了市民心理。

古城所处的地理位置在军事上十分重要。由于社会动荡、战争频繁，自魏晋南北朝以来，就是兵家必争之地。古城采取了完善的军事防御措施，西以卫河为池，南抱浮丘于半。从西门向南沿山崖而筑，

熟能生巧

浚县城门

背山面水，地势险要，内稍平而外陡峭，易守难攻。

黎阳古城的建置规划和管理制度，沿袭了传统的封建“礼法”，既是古代政权的象征和军事防御的要塞，又是社会政治、经济和文化交流的中心，同时也体现了古代黎阳劳动人民的聪明智慧和高超的艺术水平。

世外桃源看朝歌——淇县古村落

淇县是河南省首批命名的历史文化名城，历史悠久，文化灿烂。据初步统计，淇县现有古城、古镇、古村落和古民居100多座（处），其中共有古村落68处，其中纣王殿村、温坡村、石老公村已被评为国家级传统村落，东掌村、西掌村、鱼泉村、凉水泉村、赵庄村和油城村被评为省级传统村落。

纣王殿村位于鹤壁市淇县黄洞乡太行山腹地，据说当年殷纣王曾经在此避难。纣王殿原来叫槐树岸，因这条沟里处处都是槐树而得名。自从纣王在这里屯兵以后，才改为纣王殿。相传纣王在这里屯兵十二年，所以这里的山山水水、一草一木几乎都和纣王有关，虽然时隔3 000多年，仍然流传着纣王的许多故事、逸事和传说。这里是一个典型的用石头建起来的小山村，村子有一二百口人，主要道路都由

纣王殿

两朝古都

美食侦探访淇县

石老公村

石头铺就，路上的台阶全由石头砌成，房子清一色用石头垒建，屋顶起脊和黛瓦。整个村子里完全保持着原始、生态、传统、淳朴的面貌。

温坡村位于鹤壁市区西南16公里，淇县城区北15公里的南太行山中，总面积28平方公里，共辖四个自然村落。温坡村坐北面南，依山傍水，因阳光充足，气候温和，朝阳性好，故名温坡。据《淇县志》记载，3 000年前，殷纣王曾在这里狩猎；中华人民共和国成立前期，淇县在这里设立首届县政府。《诗经》描述“淇园”的上竹林就在该村。相传，这里也是女娲、伏羲滚磨成亲、捏土造人的地方。同时，该村也是非物质文化遗产云梦山黑陶的传承村。

石老公村位于淇县县城西北14公里的太行山内，总面积30平方公里。清代，因泉水优质、伏羲峰雄伟而成村。村南有一孤峰，名伏羲峰，顶天立地，雄伟壮观，据传是伏羲人祖的化身，其在石老公南山绝壁之上，察地理、观天象，研制先天八卦。伏羲峰俗称石老头，石老公村由此得名。

村落内的两层石头木架楼房，最早的是清代建筑，工艺独特，精雕细刻，格式严谨，整体风貌保存良好；纯石头垒成的院落、门楼等亦整齐无损，风格统一，工艺精美，并且集中连片。据《淇县志》记载，远近闻名的中竹林寺亦在这里。

凉水泉村是石建筑的标本，是山区村寨的缩影。整个村子依山傍水，村里房子多是古老的石头房屋，依山而建，错落有致。村庄依山傍水，石头房分散分布，民

赵庄村

风淳朴。关于凉水泉村最早的记载见于光绪二十七年（1901）印刷的《淇县舆地图说》，上面只有寥寥数语："两水泉，城西北28里，户口并两流水，北依山，南临沟。"

村里共有70多座石头房，大多建于清末和民国时期，不少已有上百年的历史。在众多石头房中，如今还保留着两处相邻的完整的清代四合院建筑，据说曾是村里大地主王星和王秀兄弟俩的宅院。东侧的一座四合院，入门，穿过三米多长的过道，是一座拱门。顺拱门进去，不仅房屋是由石头砌成的，就连屋里屋外的地面也全都是用石头铺成的。在正房的压门石上，刻有"行仁义事"四个大字，从落款上，依稀可以辨认出是清宣统元年（1909）所刻。

赵庄村位于淇县县城西北18公里，过红卫水库到灵山景区岔路口左行约两公里即到，隶属于灵山街道办事处，辖东赵庄、西赵庄、窄狭、碾沟和地谷岭五个自然村。"石桌石凳石院墙，石路石桥石头房。"赵庄村依山而建，错落有致。这里的民房、院墙、道路和过河桥，都是用石头所建，有的家院和大门外还有石桌、石凳。特别是东赵庄那座引水桥，跨河沟南北长约100米，高约5米，5大孔，10小孔，水在桥上流，人在水下行，成为一道靓丽的风景线。赵庄村有100多间民房是清代、清末民初所建，绝大多数是硬山瓦屋顶，少数为平顶，有四合院，也有三合院，多为主房五间两层楼。

• 鹤壁得名由此镇——鹤壁集 •

鹤壁集以其悠久的历史、丰厚的资源、灿烂的文化和繁华的贸易而享誉中原，为中原地区屈指可数的千年古镇之一。鹤壁集既是鹤壁市、鹤山区行政区名称的源头，也是鹤壁市委、市政府最初所在地。

鹤壁集地理位置优越，自古被誉为四国通衢之地：西达林州，通往晋国；北达相州，直通赵国；东到汤阴，达于魏国；南到鹿楼，通往卫国。正因为鹤壁集背靠大山，东临平原，南北贯通，进可攻，退可守，所以自古就是兵家必争之地。每逢动乱时代就战事连连，硝烟不断，直到抗日战争和解放战争时期，这里都是战争的前沿或后方，著名的“牟山战役”“汤西战役”，为解放鹤壁集、汤阴扫清了障碍，奠定了基础。

鹤壁集历史悠久，金代明昌年间，相州升为彰德府，当时鹤壁集已成为集镇，并且具有相当的规模，鹤壁集镇与临漳的邺镇，安阳的天佑镇、永和镇、丰乐镇一起被称为彰德府“五大重镇”。清代时属汤阴县，设鹤壁社。民国时期设区，先后隶属河南省河北道和河南省第三督察专员公署汤阴县。

鹤壁集古镇为明代建置，现在还有明代时期修筑的东券，就是当年的城东门。

鹤壁集天主教堂，又名若瑟堂，位于鹤壁集兴鹤大街中段东部约500米处。教堂坐北朝南，高约15米，面阔6.5米，进深24.5米，台基高0.32米。墙体以砖、石混砌，台基上1.42米处为青石垒砌。此教堂开正门1口。正门上方题记“若瑟堂”三个大字，上方立像为若瑟抱子，右侧立像为伯多禄，左侧立像为保禄宗徒。东山墙开窗3口；西山墙开门2口，窗5口。

鹤壁集天主教堂始建于清光绪三十年（1904）。

1945年至1947年年间，邓小平、卓琳夫妇，李先念等共产党领导人曾在神父楼

鹤壁集镇东券门

若瑟堂

留宿。1948年，刘邓大军南下，刘伯承及警卫人员在教堂留宿。

1957年3月，鹤壁建市，市委、市政府办公地点设在神父楼：一楼为市政府办公场所，二楼为市委办公场所。1986年，部分房产归还教会，教务活动恢复正常。

该教堂是鹤壁市现存为数极少、保存现状较好的清代哥特式建筑，对研究鹤壁历史和教会文化具有重要意义。

中华人民共和国成立后，鹤壁获得了新生，古镇焕发了生机。自1949年10月平原省接管鹤壁煤矿、1951年7月鹤壁煤矿筹备处成立后，鹤壁集煤炭开采业进入了一个全新的时期，鹤山境内先后有一矿、二矿、三矿、四矿、九矿等五个国有大矿开始生产，并以此为依托建立鹤壁市，市委、市政府机关驻地新华街，使鹤壁集一度成为全市政治、经济、文化和商业中心。因此，鹤壁市的多个第一都在这里诞生，如第一条铁路、第一条公路、第一辆汽车、第一部电话、第一小学、第一中学、第一百货公司、第一电影院、第一邮政所、第一新华书店和第一国营食堂等，不胜枚举。

文化名镇不虚传——石林

石林镇位于太行山东麓，隶属于鹤壁市山城区。这里历史悠久，文化灿烂，建筑文物与重大事件并容，历史和人文两种文化特色兼具，既有唐寺、宋庙、清民居古建筑的古色古香，又有刘邓大军在这里运筹帷幄、扭转战局、决胜千里的历史印记。特别是刘邓大军“石林军事会议”旧址，2005年5月被纳入《2005—2010年河南省红色旅游发展规划纲要》，列为全省第一批重点建设的26个红色旅游经典景区之一；2006年6月，被省文物管理局列为河南省第四批重点文物保护单位。厚重的历史文化底蕴和独特的人文景观在这里有机融合。

该镇上有棵柏树，相传为汉代所植，树龄2 000年左右，高26米，最粗处达5.5米，树干粗壮，枝叶茂盛，树冠覆盖面积156平方米，被誉为“华北第一柏”，又称“千年古柏”“将军柏”，是省级重点文物保护单位。

1947年6月10日，刘伯承、邓小平在石林镇西石林村的法隆寺召开了晋冀鲁豫野战军各纵队指挥员会议（简称“石林军事会议”），刘、邓二人曾在此树下下棋。

《汤阴县志》载：“法隆寺，在县西，唐贞观二十年（646）建。”据此推算，法隆寺距今已有1 300多年的历史。古人说“世间好语书说尽，天下名山僧占多”，在平地之上而非名山之巅，特别是在人烟稠密的村落中兴起这么大规模的宗教胜迹实属罕见。当时的法隆寺交通便利，南有通耿寺、鹿楼的大路，西有往大胡村的小道，东有到汤阴的官道。其规模宏大又地处中心，分布在方圆十多里范围内的众多大小寺庙一度都归法隆寺管理。法隆寺所在的村落得名“释林”，意为释迦牟尼之林，后取其谐音，易名“石林”。

石林镇的小故事

法隆寺关帝庙

时至今日，因火灾及“文化大革命”破坏，在法隆寺里所能见到的仅有龙王庙、关帝庙和文昌庙三座晚清建筑。龙王庙位于法隆寺中轴线西，坐西朝东，长9米，宽5米，建筑面积45平方米。其建筑工艺独特，梁头雕绘精细华美，屋脊两端各盘双龙，形态逼真。

关帝庙和文昌庙对称，分布于法隆寺中轴线东西，均坐北朝南，其形大体等同龙王庙，建筑面积均为58.5平方米。两庙屋脊檐均饰蟠龙，或于脊中或于梁头雕刻莲花图形；房檐滴水处，一庙作兽头，一庙作蛟头，惟妙惟肖。

石林军事会议旧址已被列入河南省第一批重点建设的26个红色旅游经典景区。2006年，省政府将其公布为河南省第四批文物保护单位。2010年4月24日，当地群众自发捐资在院内竖起了一尊“刘邓大军石林会议”纪念碑。碑文详细介绍了1947年6月10日晋冀鲁豫野战军在石林村法隆寺召开军事会议的史实。石林会议，揭开了解放全中国序幕的光辉历程。

• 孔子游历留故事——大胡村 •

大胡这个地名，相传与2 000多年前的孔子密切相关。当年，孔子带领众弟子游历各诸侯国，四方讲学。他们乘坐马车来到大胡村时，正遇到一群儿童在村口玩耍，这些孩子已经用石块在路中间垒起了一座半人高的“城堡”。当时，这些来自相邻两个村庄的孩子们玩得兴致正浓，孔子的弟子上前要求他们赶快把石头搬走，不要再挡道。可是，孩子们都不情愿拆掉“城堡”，就对来人说：“从来都是车让城，你们见过城让车吗？”

孔子的弟子与孩子们辩论一番后，最终还是没能说服这群孩子。孔子看到孩子们垒起来的东西的确像一座城堡，就夸这些孩子心灵手巧、聪明能干，说他们如果读书，长大后一定能成才。孔子不忍心让这群玩得开心的孩子扫兴，于是就对他们说：“还是车让城吧。”便让随从调转马车绕道进村。进村后，孔子见了老人便首先作揖问安，并对村里的大人们说：“村口那群孩子在路上胡垒，我们不得不绕道进村。”

为了表达对圣人孔子的尊敬和爱戴，孔子离开这里以后，当地人将相邻两个村

李家大院女儿楼

大胡村的由来

庄大一些的称作大胡垒村，另一个较小的就叫小胡垒村。后来，人们为图简便，就将这两个村庄分别称为大胡村和小胡村，直到今天，当地仍然有许多村民习惯地称这两个村庄为大胡垒村和小胡垒村。

大胡村最著名的建筑是李家大院，这是一处始建于明朝嘉靖年间，以清代中期建筑风格为主的古建筑群，被当地人称之为“小故宫”。李家大院已成为河南省第五批文物保护单位，大胡村2008年12月入选河南省第三批历史文化名村。

李家大院的两个九门相照的主院是由明朝弘治年间工部尚书李燧建造的。李燧，字时器，汤阴人，生于正统十二年（1447），他天资聪慧，气质非凡，成化八年（1472）中进士，授都水主事，官至工部主事，历工部尚书、光禄大夫、柱国太子太保。他生性耿直，在60岁那年，由于不愿与世俗同流合污，便辞官退隐在大胡村，5年后被再次起用，任工部尚书。到了75岁时，便告老还乡。去世时83岁，葬在李家坟村。2007年，大胡村李尚书府，被鹤壁市人民政府定为“鹤壁市重点文化建设单位”“鹤壁市优秀近现代建筑”。

李家大院中的第一个大院是女儿楼院，建于明朝嘉靖年间，是李燧孙女李枝

李家大院圆门

用自己的私房钱所建。窗棂雕刻精美，墙体修饰华瞻，比大院其他楼房奢华高贵许多，是当时豫北地区最高的建筑。

在李家大院，最引人注目的莫过于那些巍峨高耸的哨卫楼了。五套大院中，每一套大院都有一座高耸的哨卫楼，墙壁方正高耸，壁垒森严。一般来说，古代建筑院落主楼应该是最高的，像李家大院的配楼高过主楼，这是不常见的。哨卫楼不仅仅是用来防御盗匪，里面还藏着李家的财宝。

第三个大院是祠堂院。李燧当年在这个院供奉祖先牌位，1947年解放汤阴时，此院曾作为战地医院使用。

第四个大院是民校院。1926年9月，中共汤阴支部成立，共产党员何名臣在此院创办了汤阴县第一所贫民夜校，组织周边长工和贫困群众利用晚上学习文化知识，宣传党的革命主张，传播马列主义思想，唤醒劳苦大众革命意识，激发革命热情，为汤阴支部的建立奠定了思想基础。

第五个大院是天井院。由主楼和四周楼房联结一起，中间围成一个小天井，也称“四水归堂”，“四水归堂，财不外漏”说的就是此院。这里曾经是清乾隆年间河南嵩县知县李塾的府邸。据李氏宗谱记载，李塾，字育英，河南乡试中五十七名举人。圆门保存完好，门上方的砖上雕有“宜风、宜雨、宜雪、宜晴”的字样，是四季皆宜的意思。门檐上的装饰有一字排开的圆形兽头，当地人称之为“滴水勾眼猫儿头”。

1915年修建的帆船楼，最突出的特色就是像条大船。楼后就是当年泱泱汤河，这条大船顺着汤河水往上走，象征一帆风顺，风水极佳。门头刻有“南宫高第”四个大字，说明这家主人曾中过榜。

很多慕名而来的专家认为，李家大院充分体现了我国明清民居建筑的独特风格，具有极高的观赏、旅游和历史价值，也是一座独特的古代建筑艺术宝库。

• 乐不思蜀乃误传——蜀村 •

蜀村原名路家湾，原村址在东庄地，在东汉后期还是一个很小的村落。其村改名为蜀村，是魏晋时期发生的事，主人公是蜀汉后主刘禅。在他被囚在万柏山时，虽然司马氏又是封其为“安乐侯”，又是给他封地，还有所谓的龙宫居住，但里里外外驻军的围困，时时刻刻的秘密监视，都在提醒着他，自己是一位亡国之君，在人屋檐下，怎能不低头？自己只能老老实实，万不能轻举妄动，任何越轨的行为都可能招来杀身之祸。于是只有继续装着“乐不思蜀”的样子，平时带着夫人、丫鬟游山玩水，划船钓鱼，养花植树，与民同耕同乐。但不管刘禅如何平易近人，大智若愚，这种苦中作乐的生活、阶下囚的待遇，还是使其常常想起当年在蜀国的皇帝生活，所以，他把路家湾改名为蜀村，聊以自慰，作为对过去生活的怀念。这个名字，先是在家人中秘而不宣，后来在周围少数亲信中称呼，再后来逐渐在更大的范围使用，以致后人都知道这两个村叫前蜀村和后蜀村，路家湾的原名反而被人们淡忘，渐渐淹没在历史的尘埃中。

阿斗寨与刘禅

阿斗寨，又称中山寨，坐落于鹤壁集镇东北10多公里处蜀村万柏山（又称万全山）上，总面积5 000余平方米。因三国时

阿斗寨中山寨门

期蜀国后主刘禅（乳名阿斗）降魏后，在此被秘密羁押达8年之久而闻名。这里有万柏山、阿斗寨、古寨墙、古柏林、阿斗墓和金线河等多处自然人文景点。

万柏山北坡柏树林呈带状分布，茂密葱郁，苍翠劲拔，如一道绿色屏障将山体层层遮挡住，显得异常幽静、神秘。这里之所以叫“万柏山”，是由于山上的柏树虽历经砍伐却越伐越旺，当年刘阿斗闲得无聊时经常在山上数有多少棵柏树，有一回连续数了好几天最后还是没数清，于是便对身边的人说，干脆叫它万柏山吧。这里的柏树还有一个特点，就是一出地面就长出树枝，把树干包裹在里面，由于刘禅为真龙天子，人们也把它叫龙须柏。

远望万柏山，形如巨龟，龟背、龟嘴、龟脖和龟尾清晰可辨，形象逼真。龟首朝西南，下有一深约10米的天然石洞，往里看，白色的龟肚依稀可辨。令人奇怪的是，乌龟的两只眼中竟然流出一股清水，落入洞中，天长日久，遂成一汪清泉。泉水澄澈明净，常年汩汩不断，当地人称此泉为“药泉”。说常喝此泉水可祛病延年，周边不时有老人来取此泉水饮用。

沿山坡而上可至山顶。山顶地势开阔，草木蓊郁，砂砾石、子母石随处可见。山顶西部有一小山，阿斗寨就建在这座小山上。寨墙遗址轮廓清晰可辨，寨子占据整个山头，呈圆形分布，小山四周的荒草之下，厚厚的夯土层依然保留得十分完整。从现在残存的遗迹来看，当年的寨墙应该较高，虽早已坍塌，仍不失森严之气。

阿斗寨海拔200多米，寨门朝西，门前有一棵长相奇特的古柏，树干仅有五枝，树叶却有五种形状。门洞因淤泥掩埋仅剩一米多高，宽约一米，深约两米。洞门顶砌拱圈，正中刻“中山寨”三个大字。寨门及门洞均以砂砾石、子母石垒砌，石块砌置整齐，缝隙灌之以灰浆，墙体笔直坚实，由此可见，当年的整个寨墙建筑相当坚固。然而，曾经身为九五之尊的蜀国皇帝，寨门建材竟然是满山随处可捡的砂砾石和子母石，和山下百姓修房盖屋的材料一样，并且寨门没有像传统的那样朝南或东南开，这足以令人想象阿斗当时地位之微卑、处境之艰难。

进入寨门，平地的中央残存着一片古建筑的废墟，残碑散落遍地，一块龙头碑的断片上依稀可见“流芳百世”字样。据说阿斗死后，这里逐渐被改建成了庙宇，于明末清初建立了中山显云寺（现有碑文）。可是，在抗日战争时期，阿斗寨遭战火毁坏，再到后来的“文化大革命”前期，这里的古建筑最终被毁坏殆尽，原来的古碑、木材和石料都被运到山下，用于兴修龙泉水库和部分村民建造房屋。现有建筑为正房5间、东西厢房7间，是2000年前后村民自发集资在废墟上建起来的，专门用来免费接待前来阿斗寨游览的各地游客。

阿斗寨东南200余米侯家坟湾的西边，有一处山坡，此处前有朝堂水，后有靠背山，属于风水宝地。阿斗死后，西蜀随行大臣便将其安葬于此，至今仍有一大墓默然而卧于山坡之上，与阿斗寨遥遥相望，诉说着曾经作为皇帝的无比荣耀和作为阶下囚的种种心酸。

阿斗寨西南300米，有一山寨叫将军寨。山顶原有一平顶松柏，树干粗大，三人合抱相互触不到手指。更特别的是，树的叶子有两种形状，一种颜色很蓝似刺柏，叶子扎手；另一种叶子很绿，圆形不刺手。山上原有一座古庙，现在还留有根基和一片废墟，里面有三个人物塑像，中间站着一位将军，形象威武，虎目圆睁，手举一把利剑，面向东北方的阿斗寨；两边一位是红脸，另一位是白脸，可谓一文一武。传说这是蜀国的三位大将，他们誓死不离后主，后人为纪念他们在此为其建立祠庙。在龙宫村附近原有一大墓冢，人称张九官墓，也叫将军坟。

万柏山下，有金线河自西向东绕山而过。金线河河水常年清澈见底，碧波荡漾，如玉带一般飘落。河两岸垂柳成荫，四季花香，鸟飞蝶舞。当地人描述它“春天桃花对岸红，夏季荷花满河中，八月桂花香千里，寒冬梅花伴兰松”。河中有石炕、石凳，相传阿斗当年曾在此洗浴、钓鱼，石凳、石炕便是阿斗钓鱼、休息的地方。

数不清的柏树，孤寂而立的寨门，残存寨墙的遗迹，默默流淌的金线河，无一不在讲述着当年后主刘禅的落魄和司马氏的专横跋扈。同时，也展露出此处山清水秀的幽雅环境，彰显着它的历史人文价值和极具开发潜力的旅游价值。

豫北民居之典范——肥泉村张家大院

肥泉村位于山城区鹿楼乡北部，古为殷纣王饲鹿猗猎之处，因村内古时有一眼喷涌不息的泉水而得名，由碾盘沟、刘家沟和黄牛坡三个自然村组成，是一个以张姓聚族而居的家族古村落。村落中有一座保留完好的古代民居建筑——张家大院。

明崇祯十三年（1640），张氏祖先从山西来到肥泉村，当时肥泉属于汤阴管辖。张氏先人在山西做皮货、食盐生意发家后，便回乡买田置地，逐渐兴盛，到张士成掌家时，已拥有良田数百顷，成为汤阴县以西最大的地主。提起张士成，肥泉村及周边村民都称其为“张大善人”，在张氏家谱上评价他“性情温和好义，行乐济贫”，并且记载了1942年河南大旱时其借粮救济数千饥民的善举。

自明末至今，虽经400余年沧桑之变，张家大院仍较完整地保留着原来的古门、古哨、古桥、古道、古祠、古庙、古宅、古校和古泉等建筑格局。

张家大院

张家大院的主院位于西院的东侧，为“五门相照”。走过门楼两个拱形门有一个小院，再穿过一道门，便是主人居住的院落。再往里走，也是同样布局的三栋房屋，均为两层楼房，东厢房为清朝道光年间建造，西厢房和正房为清朝同治年间建造。从门楼到最后面的正房，总共有五道门，并且门门相照，所以叫“五门相照”，过去只有大户人家才有实力建造这样的建筑。

张家大院建筑是地道的民居民宅，没有进行过多的包装和修饰，基本保持几百年来的旧貌。该村自古以来重视文化教育，人才辈出，可谓历史悠久，文化灿烂，被专家誉为“鹤壁第一古村，豫北聚落标本”。

2013年6月28日，张家大院入选河南省传统村落名录，2014年3月入选中国传统村落名录。

考古探秘

——淇水造就的文明曙光

佳人名莫愁，采桑南陌头。困来淇水畔，应过上宫游。

——[北宋]文彦博《陌上桑》

名叫莫愁的女子来淇水边采桑，路过了早已成为废墟的纣王宫殿旧址。也许，她会驻足看看，也许，她会匆忙走过。像她一样，很多人并不知道，鹤壁是一块有着7 000年文明的古老的土地。

从花窝、大赉店、刘庄仰韶文化遗址的遗存中可以知道，早在7 000年前，先民已在淇河流域辛勤耕作，繁衍生息，创造了灿烂的文明。风云变幻，历史变迁，有些文明我们不仅能从典籍中获知，还能从考古中印证。鹤壁的一砖一瓦，都有文明的印记。朝歌古城遗址、辛村西周卫国贵族墓地、鹿楼冶铁遗址、鹤壁古瓷窑、黎阳仓遗址、宋代采煤遗址等以及出土的大量文物，法隆寺、静居寺等古代建筑，无不是淇河流域劳动人民智慧的结晶。分布广泛、历史悠久、积淀厚重的鹤壁文明也因此成为中原文明的重要组成部分。

• 鹤壁市考古工作综述 •

鹤壁是我国较早开展田野考古的地区之一。1932～1933年由前“中央研究院”史语所联合河南古迹研究会即在今鹤壁境内的辛村墓地和大赉店遗址进行了正式发掘。中华人民共和国成立后，尤其自鹤壁市文物工作队于1989年成立以来，鹤壁的田野考古事业日渐繁荣，先后进行了多次发掘，获得了多项重要成果。

1960年，古楼河北宋采煤遗址被发掘，我国迄今最早的煤矿遗址揭露尘封。

1963年、1976年、1978年、1997年和2012年，经过对鹤壁集古瓷窑遗址的数次发掘，证明其是我国古代一处重要的民间窑场。

1988年9～11月，鹿楼冶铁遗址被发掘，证明这里是一处自战国延续至西汉的较大规模的冶铁遗址。

1993年9月，故县北宋纪年壁画墓被发掘。该墓是北宋精湛的建筑艺术的生动体现，是管窥北宋社会生活的一个珍贵窗口。

1999年8、9月，浚县贾胡庄东汉画像石墓被发掘。该墓是中华人民共和国成立以来鹤壁发掘的规模最大的一座古墓葬。发掘再次表明，浚县当是汉画像石的一个重要产地。

1990年，朝歌故城经过局部发掘，证明其城池自西周作为卫国都城开始，一直延用到西汉。

2005年5月，大赉店镇敬老院发掘出一座北宋陶窑，此窑是中国制陶史上以煤炭做燃料的较早实例。

2005年6月至2007年1月，刘庄遗址经过四次发掘，发现了丰富的仰韶晚期大司空类型文化遗存和下七垣文化（先商文化）墓地，这是全国首次发现分布密集、排列规律的大面积先商墓地。

2006年8～10月，淇县黄庄墓地一区被发掘；2006年7～11月，淇县西杨庄墓地被发掘；2006年11月至2007年9月，淇县黄庄墓地二区被发掘。上述发掘共清理各时期墓葬83座（其中汉墓75座）、灰坑27座、灰沟11条、水井1口、积石坑1座。此发掘对于研究淇县西部平原地区的汉代社会生活具有重要意义。

2014年5、6月，刘庄西大坡墓地被发

掘；2015年8、9月，辛村东墓地被发掘。西大坡墓地和辛村东墓地均在辛村西周卫国贵族墓地的范围内，上述发掘是辛村墓地继20世纪30年代以来的两次重要发掘。

【附录】

主要考古发掘项目及时间

项目	发掘时间	时代
大赉店遗址	1932年5月	仰韶、龙山、商代
刘庄遗址	1932年、2005～2007年	仰韶、先商
卫国故城	1990年	西周～西汉
辛村卫国墓地	1932～1933年、2014年、2015年	西周
古楼河采煤遗址	1960年	北宋
鹤壁集古瓷窑遗址	1963年、1976年、1978年、1997年、2012年	唐代～元代
鹿楼冶铁遗址	1988年	战国～西汉
故县纪年壁画墓	1993年9月	北宋
浚县贾胡庄画像石墓	1999年8、9月	东汉
大赉店镇敬老院北宋陶窑	2005年5月	北宋
淇县西杨庄墓地	2006年7～11月	宋元、汉代
淇县黄庄墓地一区	2006年8～10月	汉代
淇县黄庄墓地二区	2006年11月至2007年9月	清代、汉代
宋庄东周贵族墓地	2009年	东周
黎阳仓	2011年至今	隋到北宋晚期

• 曙光初照淇水岸——花窝村遗址 •

花窝村遗址，位于淇县县城东北约15公里的高村镇花窝村东北0.5公里的岗地上，淇河从遗址的东部由北向南流过。遗址南宽北窄，为一刀把形，面积为19 000平方米，高出河床约20米。

花窝村遗址是1979年3月发现的，同年夏季安阳地区文物管理委员会和淇县文化馆在水渠东开探方1个，清理灰坑4个。1980年夏，中国社会科学院考古研究所也进行了试掘，开探方和探沟各1个，发掘面积55平方米。该遗址发掘出土物有部分残石器和陶片，石器以磨制为主，打制次之，有铲、斧、凿、磨棒，并有少量的尖状器、刮削器等细石器。出土陶器为手制红陶，火候较低，质松易碎。陶质分泥制和夹砂两种。纹饰有压印纹、划纹、锥刺纹和篦点纹等。器形有小口双耳壶、夹砂罐和三足器等。

花窝村遗址经中国社会科学院考古研究所进行碳-14分析，其年代距今7130±120年。

花窝村遗址是迄今发现的为数不多的新石器时代的早期文化遗址之一，在豫北地区是首次发现，对填补仰韶文化以前的新石器时代的历史空白和探索仰韶文化的渊源，提供了不可多得的资料。该遗址在文化面貌上具有与新郑裴李岗和邯郸磁山文化相同的因素，又有自己独特的风格，为研究裴李岗和磁山文化之间的关系，有着重要的参考价值。同时也说明豫北地区新石器时代的早、中、晚期文化，有着一脉相承的发展关系。

该遗址1979年被淇县人民政府公布为县级文物保护单位，1986年11月21日被河南省人民政府公布为省级文物保护单位。

• 六千年前留遗迹——大赉店遗址 •

大赉店遗址位于鹤壁市淇滨区九州路办事处大赉店村村南淇河东岸，时期为新石器时代、龙山—商代时期。

1932年，著名考古学家尹达先生主持

大赉店遗址纪念碑

发掘了大赉店遗址，开探沟36个，总发掘面积230平方米。遗址内涵丰富，包括了仰韶、龙山和商代三个时期的文化堆积。出土器物比较丰富，有陶器、石器、骨器和蚌器等。陶器有磨光黑陶、泥质龙陶和砂质龙陶，纹饰样式多样。器形有鼎、鬲、罐、盆、碗、豆等，还有残石斧、骨针、蚌镰和蚌刀等。

大赉店遗址保存了完整的仰韶、龙山和商代的文化层堆积，为学术界探讨仰韶、龙山和商文化三者的相互关系，起到了非常重要的作用，在中国考古学发展史上占有重要地位。2013年被国务院公布为第七批国家级文物保护单位。

• 先商文明添佐证——刘庄遗址 •

刘庄遗址位于鹤壁市淇滨区金山办事处刘庄村南，包含仰韶文化和先商文化遗存，面积12.4万平方米。1932年，河南古迹研究会郭宝钧、尹达等首次发掘，开“探坑”39个。2005年6月至2007年1月，河南省文物研究所会同鹤壁市文物工作队，对遗

刘庄遗址

址进行了第二至四次发掘，揭露面积11 150平方米，清理墓葬600多座，发现了丰富的下七垣文化（先商文化）墓地，这是全国首次发现分布密集、排列规律的大面积先商墓地。2005年5月，刘庄遗址的发掘入选2005年度全国十大考古新发现。2006年11月，该遗址被公布为第四批河南省文物保护单位。

• 商朝比干殉难处——摘心台 •

摘心台又称摘星台，位于淇县县城内，为一不规则形的土台，东西长80米，南北宽60米，高13米。因殷纣王在此将其叔父比干剖腹摘心而得名。

1997年，淇县文物旅游局的工作人员在对摘心台进行围砌保护挖墙基时，在台北侧中部发现河南龙山文化时期上下叠压五层的房屋白灰地基面，长2～3米，为距今4 000多年的龙山文化遗址，文化层厚8米。台南侧也发现同样的遗留痕迹。从采集的陶片可辨认出豆、盆、盘、高领瓮、罐等当时人们的生活用具，还发现石铲、石斧、石凿等当时的生产工具。摘心台的上层是距今3 000多年的殷商文化遗存，文化层厚8米，大部分是坚硬的夯土层，夯层厚7～10厘米。地面散存着大量的陶片，可

摘心台内比干摘心处纪念碑

辨认出鼎、豆、鬲、罐、杯等当时人们的生活用具。1980年3月，淇县朝歌镇西街村农民在摘心台南侧发现两件殷商时期的乳足鬲。1982年6月，同村农民在摘心台平整土地时，发现一件殷商时期的铜镢。

淇县古名朝歌，是殷商国都。当时的君主纣王为了观景和玩耍取乐，强迫奴隶在今摘心台龙山文化遗址的废墟上夯筑高台，并在高土台上建一座木质高楼，因楼高可摘星伴月，起名“摘星楼”。纣王晚年昏庸无道，残害忠良和无辜平民。一天，少师比干忍无可忍，到宫中找纣王论理，门卫说他和苏妲己到摘星楼玩耍，比干来到摘星楼批评和指责纣王的过错，并劝说他以国事为重，痛改前非。纣王不但不听，反而残忍地将比干在摘星楼下剖腹挖心。摘星楼后被雷火击毁，为纪念比干，后人称此台为摘心台。

摘心台对研究河南龙山文化、朝歌殷商文化、商代历史和纣王、比干的生平有着很高的价值。1978年被公布为县级文物保护单位，2006年被河南省人民政府公布为河南省重点文物保护单位。

三千年前铸辉煌——卫国故城遗址

卫国故城位于淇县县城四周，始建于西周，春秋战国修复，是国家重点文物保护单位。城址平面呈长方形，南北长2 250米，东西宽1 650米。地面现存城墙有四段，即西城墙三段和北城墙一段，总长1 150米。城内现有商代摘心台遗址、西坛村学校战国冶铁遗址，东城墙外有东关春秋制骨作坊遗址。

1990年，河南省文物研究所对卫国故城首次进行了局部考古发掘，得知该城址在春秋战国时期曾迭经修补增筑，约废于西汉早、中期。卫国故城的时代为西周、春秋、战国和汉代。

淇县古名朝歌，武王伐纣，武王弟周公旦平定“三监”叛乱后，在朝歌建立卫国，封其弟康叔为卫国国君。卫国在淇县建都383年，共历十五代二十王。

1986年，卫国故城被公布为省级重点文物保护单位。2006年5月25日，被公布为第六批全国重点文物保护单位。

作为卫国故都，朝歌城中自然不能没有卫国宫殿的遗址。在故城中心向东约

淇县卫国故城全景（北城墙）

400米处，商朝末年时曾有一处聚落，街向东西，名曰定昌村（在今东街北头及东拐处）。卫康叔受封之后，在朝歌城中遍寻适合建造宫殿的所在。由于城北部原是帝辛王城（即第三道城），经战乱蹂躏后已是一片废墟，况且新君对前朝亡国之君的宫殿旧址不免心存芥蒂，所以另择新址势在必行。卫康叔选中了定昌村，他在村西段北部（今县中医院院内）营建了自己的宫殿，其规模、形制已不可考。西汉设置朝歌县后，卫国宫殿区旧址沿用为县治公署。

卫国故城林业局段

卫国故城实系文献记载中确指的“朝歌故城”，即殷墟故都，因而受到海内外学术界的广泛关注。关于这座殷墟故都的性质问题，文献记载中亦有多说。

（1）离宫别馆说。古本《竹书纪年》载：“自盘庚徙至纣王之灭，二百七十三年，更不徙都。纣时稍大其邑，南距朝歌，北距邯郸及沙丘，皆为离宫别馆。”这段记载曾广被征引。近代由于安阳殷墟的考古发掘和丰富发现，许多学者认为，盘庚所迁之殷即《史记·项羽本纪》中所确指的“洹水南殷墟”，今安阳小屯村。

（2）武丁迁沫说。卫国故城之地，

商代本名“沬邑”，又作“妹邦”。《水经·淇水注》首创武丁迁沬说：“……淇水……南流，东屈，迳朝歌城南。”《晋书·地道记》曰：“本沬邑也。”《诗》云：“爰采唐矣，沬之乡矣。殷王武丁始迁居之，为殷都也……”此说疑义较多，目前较为冷寂。

（3）帝乙迁沬说。其与商都朝歌说关联密切。《括地志·卫州汲县》条引：“《帝王世纪》云：帝乙复济河北徙朝歌，其子纣仍都焉。”另《汉书·地理志·河内郡·朝歌》条下班固自注：“纣所都，周武王弟康叔所封，更名卫。”此说的影响较大，许多日本学者对此深信不疑。

卫国故城不仅对研究西周、春秋卫国的历史提供了难得的实物佐证，同时对于整个殷商史乃至整个商文化研究都具有极为重要的意义。

卫国王室墓葬地——辛村墓地

辛村墓地位于鹤壁市淇滨区金山办事处辛村一带，淇河北岸，面积213万平方米，是西周时卫国国君及贵族的墓地。1932～1933年，河南古迹研究会对墓地进行了4次发掘，清理墓葬82座，车马坑14座，中含8座大型公侯墓，6座中型公族和侍从墓及54座小墓。墓中出土了大量的青铜礼器等，但在中华人民共和国成立前，被南京国民政府运抵台湾。

2014年5～6月，鹤壁刘庄西大坡墓地被发掘，共清理了西周时期的中小型墓葬9座。9座皆有盗洞，仅出土残余的铜、陶、瓷、骨、蚌、石等器物59件（套），其中青铜质的鼎、尊、爵、觯、簋等器十分精美。

2015年8～9月，辛村东墓地被发掘，共清理墓葬9座，殉马坑1座。9墓均遭盗掘，共出土残余的陶、石、贝、玉、青铜等器物47件（套），器形计有鬲、簋、

英国不列颠博物馆收藏的辛村文物康侯簋

豆、罐、盘、戈、刃具、泡、佩饰等，其中7号墓出土的1件铭文青铜盘具有较高价值。

发掘成果表明，西大坡墓地和辛村东墓地均在辛村卫国墓地的范围内。西大坡墓地和辛村东墓地的发掘，应是自20世纪30年代以来，辛村卫国墓地的第5次和第6次发掘，两次发掘皆由鹤壁市文物工作队实施。

1987年2月，辛村卫国墓地被公布为河南省第二批文物保护单位。

东周贵族长眠处——宋庄墓地

宋庄东周贵族墓地位于鹤壁市淇县县城东10公里的西岗乡宋庄村东淇河西岸，属国家重点文物保护单位。

2008年12月中旬，淇县文物管理所发现该墓葬被盗。河南省文物局专家对被盗现场进行调查，判断该处应是一处分布较为集中、保存相对完好的商代至东周时期的居住遗址和贵族墓葬群，对于研究商代至东周时期社会历史状况具有重要的历史和科学价值。经河南省文物局批准，河南省文物考古研究所于2009年2月～2010年5月对其进行抢救性考古发掘。共发掘墓葬19座，其中汉代墓葬1座，其余18座墓葬均为春秋战国时期的。出土文物3 900余件，其中青铜器500多件。通过发掘发现该墓地的墓葬多为“甲”字形制。其中1号墓长8.2米、宽8.2米、深8米，墓道长30米，墓内发现5个殉人，虽然被盗，仍出土有编钟、戈、贝币等文物。出土文物最为丰富的是4号墓，墓内发现青铜鼎、盘、豆、匜、壶、编钟、石磬等。5号墓出土7件鼎，墓主人官位显赫，墓内出土的1件铜壶内装有液体，有可能是酒（待化验鉴定）。9号墓出土的用铅铸造的礼器，在国内罕见。10号墓出土的青铜戈上发现铭文。

通过对出土文物的鉴定，宋庄墓地已被专家确定为东周贵族墓地。周代贵族墓地目前在全省乃至全国发现很少。该墓地对研究我国东周时期的历史和当时的军事、政治、经济、文化、生活都有很高的价值。特别是已发掘的19座墓葬中大部分墓内都有殉人。“人殉”盛行于商代，东周墓内出现殉人目前在全国发现很少，因此宋庄墓地的发现对研究周代历史和当

宋庄东周贵族墓地

时的葬俗、葬制提供了难得的珍贵实物资料。

发掘出土的文物丰富、精美，有的品相极好，具有很高的科学和艺术研究价值。如4号墓出土的编钟、9号墓及19号墓出土的青铜鼎、9号墓出土的龙凤纹青铜壶、10号墓出土的带铭文青铜戈，这些器物完整无损，花纹清晰，造型美观。还有9号墓出土的用铅铸造的编钟、鉴等器物，在国内极为罕见，对研究我国铸造史和铅铸技艺提供了弥足珍贵的实物资料。

• 冶铁文明见证地——鹿楼冶铁遗址 •

鹿楼冶铁遗址位于鹤壁市山城区鹿楼乡故县老村村西的泗河北岸，南北长约1 000米，东西宽约990米，面积约99万平方米。

1988年9～11月，鹤壁市博物馆及鹤壁市文物工作队对此进行了第一次发掘，揭露面积415平方米，共清理陶窑5座，火烧坑8座，水井1口，墓葬1座，出土了大量遗物。遗存分属于商代二里岗、战国、西汉和唐代四个时期，其中战国和西汉遗物中含有相当数量的熔铁炉壁残块、鼓风管，锄、斧、铲、锛、环、带钩、编钟等的铸范及鼎的铸模，锸、铲、锛、凿、镰、削、锥、钩、矛等铁器，表明这里是一处从战国中期一直延续到西汉的冶铁作坊。2006年11月被公布为河南省文物保护单位。

·汉代历史得映显——后营汉墓区·

后营汉墓区位于鹤壁市山城区东1公里处的后营村北，西至长风中路，东临汤河，北依汤鹤公路，墓区东西长1 440米，南北宽920米，总面积132.48万平方米。1953年考古发现，出土文物有陶器、铜器、铁器、古币等。1964年10月被定为市级重点文物保护单位。1985年4月在该村西4万平方米范围内又探出古墓葬56座，经两个多月的发掘，鉴定为西汉墓9座、东汉墓19座，墓区内有土坑墓和砖石墓两种，墓葬多而集中。墓葬以小砖墓为主，土坑墓间有发现，均为头南脚北、偏东西不超过10度。砖石墓分为大字形、中字形和甲字形，多由墓室、前厅和甬道组成，穹隆顶，拱券，个别有三人合葬。土坑墓均为单身墓。出土文物345件，以陶器、钱币为主。1982年，于汉墓区北侧出土陶棺一口，鉴定属于东汉土棺墓，墓东南、西北向，距地表0.7米。棺长176厘米，头宽54厘米，脚宽37厘米，内底部有席纹，棺外殉葬一灰色陶罐，罐内有银手镯和剪轮五株铜钱。

·天下粮仓看浚县——黎阳仓·

黎阳仓是隋代著名粮仓之一，为隋朝第二大官仓。据史籍记载，黎阳仓始置于隋文帝开皇三年（583），随着南北大运河的开通，黎阳仓又成为隋炀帝经略东北边疆的后方物资供给基地，但也成了隋末瓦岗起义军从失败走向强盛的转折之地，北宋时期也在此设有官仓。

为配合中国大运河隋唐永济渠“申遗”工作，在国家文物局和河南省文物局的指导和组织下，2011年10月以来，河南省文物考古研究所与浚县文物旅游局合作，对文献记载中的黎阳仓遗址可能的位置地点——位于大伾山北麓的浚县城关镇东关村前街东关囤上遗址（为县级文物保

黎阳仓——16号、18号仓窖遗址

护单位），进行了考古调查、勘探和发掘，确认该遗址就是黎阳仓遗址。发现与黎阳仓有关的主要遗迹有仓城城墙、护城壕沟、仓窖遗迹、漕渠、夯土基址、道路、湖泊、大型建筑基址、砖砌排水道、墓葬和灰坑等。

黎阳仓遗址考古发掘面积为3 000平方米。清理涉及隋代黎阳仓仓城城墙与护城壕沟、3座仓窖遗存、专用漕渠，以及不同时期墓葬11座、灰坑100余个、路1条、灶15个，同时还清理出北宋时期大型建筑基址2处等。

黎阳仓城依山傍河，平面近长方形，东西宽260米，南北长300米以上。仓城城墙为夯土筑成。保存较好的仓城西北角北墙残宽6.2米，残高1.5米。经过发掘的仓城东城墙现宽5.5米。护城壕沟位于东墙东侧3.5米，宽3.9米。壕沟底中部发现与沟同向的两排密集柱洞。在东墙外侧约10米处还有另外一道壕沟。

在仓城北中部发现一处漕渠遗迹，大致南北向，口宽约8米，渠深4米，与仓窖的地层年代一致。在漕渠西北侧，勘探出一处夯土台基，东西长40米，南北宽25米。从仓城的总体布局判断，这里为粮仓漕运和管理机构所在位置。

目前已探明储粮仓窖84个，口大底小，圆形，口径8～14米；窖底距现地表3.8～7米。已发掘清理的3座隋代仓窖，6号仓窖口直径约12米，窖口周围清理出12

黎阳仓遗址发掘出土的宋代瓷碗

个圆形或长方形柱础遗迹。16号仓窖和18号仓窖窖口直径均为8米，窖口周围发现有圆形柱础或方形柱础，窖底有中心柱础遗迹。

在遗址中部区域，叠压在废弃的隋唐时期仓窖遗存之上的是一处建有大面积夯土基础的建筑遗存，已清理出东西并列的2座大型建筑基址。1号建筑基址位于遗址中部偏西，南北长50余米，东西进深约12米。2号建筑基址位于遗址中部，已清理南北长度约28米，宽约25米。在1号和2号建筑基址之上，清理出了极为丰富的砖、瓦和吻兽等建筑材料遗物，其中带有“官”字印戳的版瓦块多达近百件，说明了建筑的官方性质。地面建筑的年代属于北宋时期，为当时黎阳仓库房建筑。

通过对现有资料的初步分析，判断黎阳仓遗址先后经历了两个发展阶段：第一阶段为地下储粮时期，仓城等建于隋初，废弃时间约在唐代中期以前；第二阶段为地上仓储时期，库房建于北宋早中期，废弃时间约在北宋晚期。值得注意的是，部分区域下部地层出土有较多的汉代文字瓦当和云纹瓦当等建筑遗物，其中带“官”字印戳的版瓦块多达近百件，说明了建筑的官方性质。地面建筑的年代属于北宋时期，为当时黎阳仓库房建筑。

另外，在对黎阳仓遗址进行考古工作的同时，对与黎阳仓一体关联的汉代至北宋时期黎阳城遗址进行了考古调查和勘探。在距黎阳仓遗址东北约600米处，首次确定了黎阳故城的位置、范围和部分遗迹，明确了黎阳仓与黎阳城的位置关系。黎阳故城南北长2 250米，东西宽800米。

本次考古勘探与发掘首次确定了文献记载中隋代至北宋时期黎阳仓的位置和范围，揭露出了隋代黎阳仓完备的诸功能要素；首次在同一遗址上发现两种不同的古代大规模仓储技术方式。本次考古发现表明，黎阳仓遗址内涵丰富，价值独特，充分代表了我国古代地下粮食储存成熟阶段的技术水平，也是我国古代地上大型仓储库房建筑技术的珍贵实物见证。黎阳仓遗址的考古发现为中国大运河“申遗”提供了隋代永济渠开凿和利用的珍贵实物证据，为研究中国古代官仓的建设和粮食储存技术发展增添了新的考古资料，也为黎阳仓遗址的有效保护提供了基础性材料。

• 瓦岗军威震天下——李密墓志铭 •

李密（582—619），字玄邃，一字法主，京兆长安（今陕西西安市西北）人，隋唐时期的群雄之一。开皇中，袭父爵蒲山公，于是散发家产，救济亲朋好友，收养门客，礼遇贤才，从不吝惜资财。后又折兵读书，尤其喜好兵书，常能背诵。李密出生于四世三公的贵族家庭，隋末天下大乱时，李密成为瓦岗军首领，称魏公。率瓦岗军屡败隋军，威震天下。在瓦岗军原领袖翟让准备让位给他时，翟让的哥哥却从中阻拦。他不得已杀瓦岗军旧主翟让，引发内部不稳，被隋军屡败。后被越王杨侗招抚，又因在与宇文化及的拼杀中损失惨重，不久被王世充击败，率残部投

李密墓志铭

降李唐。没过多久又叛唐自立，被唐将盛彦师斩杀于熊耳山。

李密墓志铭于1969年冬卫河清淤时，在浚县城关公社罗庄西卫河底出土，现藏河南省博物院。墓志铭高63厘米，宽81厘米，楷书，有少数隶书和行书，刻于唐武德二年（619），魏徵撰文。

【知识链接】

挂角读书

《新唐书》中记载了李密挂角读书的故事。

隋朝人李密祖辈都是北周和隋朝的贵族，他更是见识雄阔高远，做事富有谋略。他常分散自己的家产来供养宾客，对那些有才能的人以礼相待。

李密年少的时候，因为父辈的余荫，被派到隋炀帝的宫里当侍卫。但他生性灵活，在值班的时候，经常左顾右盼，后来被隋炀帝发现了。不久，隋炀帝向宇文述打听他是谁，在得知他是蒲山郡公李宽的儿子后，就对宇文述说："这个孩子当班的时候经常不专心，左顾右盼的，不适合在宫里当差。"宇文述听到隋炀帝这么说，便找了个机会，私下对李密说："从你祖辈起就一向功勋卓著，与其在朝廷当个侍卫这样的小官，还不如回家努力读书，以文章著称于世。"

李密听说不能再入宫当差之后，非但不懊悔，反而很高兴，很快辞官回家了。回家之后，李密发愤读书，决定做个有学问的人。他打听到缑山有一位名士包恺，就打算前去向他求学。在出发之前，李密先用蒲垫垫在牛背上，然后在牛角上挂上一卷《汉书》，骑着牛边走边读。

正巧越国公杨素骑着马经过，看到前面有个少年在牛背上读书，心中暗暗感到奇怪。于是放缓马悄悄地跟在后面。过了好久，杨素才问道："你是哪里的书生，这样勤奋？"

李密回头一看，原来是宰相杨素，慌忙跳下牛背，向杨素作了个揖，并报上了自己的名字。

杨素问："你在看什么书呢？"

李密回答道："我在看《汉书》，正读到《项羽传》。"

于是杨素就和他聊起来，觉得李密谈吐不俗，很有抱负。杨素回家后对儿子杨玄感说："我看李密的见识气度，不是你们几兄弟能比得上的。"果然，李密后来成了隋末农民起义队伍瓦岗军的首领，为推翻隋朝的残暴统治做出了贡献。

• 民间瓷都放异彩——鹤壁窑 •

鹤壁集古瓷窑出土的玉壶春瓶

鹤壁古瓷窑以鹤壁集瓷窑为代表。鹤壁集古瓷窑遗址位于鹤壁市鹤山区鹤壁集镇的羑河两岸，面积84万平方米，是我国古代的一处大型瓷器烧造场所，属民窑。这里紧临羑河，有丰富的煤炭资源和高岭土原料。得天独厚的资源优势，造就了一座北方的“民间瓷都”。其瓷器烧造业自唐代始至元代止，历经唐、五代、北宋、金、元五个历史时期。产品种类纷繁，釉色多样，尤其在装饰上取得了突出成就。作为装饰技法，其宋金时期的刻划花和金元两代的釉下彩达到了一个较高的水平。作为民窑，其装饰因需顾及物美价廉的原则，往往十分简练，题材则皆为大众所喜闻乐见。也正因民窑性质，其装饰作品大多具有或清新自然或热情奔放的风格，而绝少造作拘谨之姿。

河南省文物考古研究所和鹤壁市文物工作队，于1963、1976、1978、1997、2012等年份，先后进行过数次发掘，揭示了遗址的基本内含。1963年6月，被公布为河南省第一批文物保护单位。

• 乌金墨玉冠神州——宋代采煤遗址 •

鹤壁宋代采煤遗址位于鹤壁市山城区东头村西北。1959年9～11月，鹤壁市中新煤矿的职工，在井下开凿新巷道工程中，发现许多古代瓷器。河南省文化局文物工作队得知后，即派人前往该地进行了解，在地下的新巷道附近，不仅发现了古代瓷器，还发现了古代煤矿的巷道和当时的井口、灯龛、排水井、生产工具、运输工具，以及规模较大的古代采煤区域。从出土器物考证，该采煤遗址为宋代采煤遗存。

胜景掠影——淇水映山光

淇上风日好，纷纷沿岸多。绿芳幸未歇，泛滥此明波。

——［唐］沈佺期《入卫作》

来到卫地看到淇河的优美风光和游人如织的情景，让人禁不住要赞美这条颇有魅力的河流。其魅力在于润泽了周围的风物，使这里的人文景观和自然风光都别具特色，也使鹤壁成为河南省重要的旅游观光胜地。

云蒸霞蔚的云梦山，“伾浮神韵”的大伾山，女娲降香的古灵山，药王隐居的五岩山，白蛇修炼的青岩绝，鬼斧神工的太极图，久负盛名的金山寺……哪一处都有深厚的历史积淀，哪一处都是闻名遐迩的美丽景观，就连“鹤壁”这个名字，也是一幅唯美的画卷，鹤飞晴空，壁立淇水，百花盛开，苍松挺拔，蜂蝶翩翩，飞鸣清脆，充满了诗意，让人忍不住去遐想。这就是淇水流出的秀丽风光，大美鹤壁，邀您来赏。

魅力无限——淇河

淇河，史称淇水，发源于山西省陵川县棋子山小番底，六泉河为其源流，经辉县、林州、鹤壁到淇县，于浚县淇门入卫河，全长176公里，鹤壁境内78公里，沿岸风光旖旎、景色秀美，被誉为“北国漓江”。

盘石头水库

盘石头水库是河南省“九五”重点建设项目，位于淇滨区大河涧乡原盘石头村，是淇河上唯一一座以防洪、供水为主，兼顾农田灌溉、发电、水产养殖等综合利用的大型水利枢纽工程。水库从前期论证、立项、开工建设到下闸蓄水，前后经历了近半个世纪，是鹤壁市的一项跨世纪工程。

盘石头水库也是被誉为“水中大熊猫”的桃花水母的栖息地，此处奇山异石，山水竞秀，上游两岸峭壁陡立，峡谷幽深，是游人消夏避暑、游览观光的

郧阳镇 · 盘石头

央视网

鹤栖峭壁
淇水古韵

盘石头水库

七里沟

好去处。

七里沟

七里沟位于淇滨区大河涧乡牛横岭村西至河口村段河谷，历史上曾是山西通往华北平原兵家调兵运粮、商号马帮驮夫行走的一条古道，因长七里而得名。七里沟景区面积2平方公里，为山水型自然风景旅游区。主要景观有屏风山、盘龙山、桥顶山、老人峰、八戒峰、求子洞、静心洞和挂沟世外桃源等20多处，素有“人间仙境，世外桃源”之美称，是休闲度假的好去处。

白龙庙

白龙庙旅游景区位于淇滨区上峪乡白龙庙村的淇河之滨，因村北山冈上有一座白龙庙而得名。相传，很久以前有两条白龙降落于此，出现两条升空的白气，后人就在此建庙开荒居住，故取名白龙庙。

白龙庙景区

淇河天然太极图

景区山青林翠，景致非凡，处处古迹，步步胜景，主要景观有白龙庙瀑布、雷鸣滩、虎出三峡、鬼驮狮子、白龙洞和古代建筑白龙庙、古戏楼等。此外，还有世纪冰臼遗址。

青岩绝

青岩绝位于淇滨区上峪乡南山村南淇河南岸，绝壁拔地而起，面积3 000平方米，是中国最大、发现最早的“天然太极图”的最好观景台。壁上有一直通河底的幽深洞穴，传说修炼千年、得道成仙的

青岩绝

白蛇仙女居住洞中，故名白蛇洞。“白蛇传”的故事就发生在这里。

青岩绝上有省级文物保护单位北宋千佛洞，还有商周文王观图台，明代浮刻石雕、盘古托天娘娘女娲宫、白衣菩萨、药王、龙王、关圣庙和白蛇洞等景观。

淇河天然太极图

淇河天然太极图坐落在太行山东麓，鹤壁市区西北5公里处的淇滨区上峪乡境内，这里山清水秀、风光优美，文物古迹随处可见。有商周文王姬昌的观图台、晒网坡、棋盘山和文王潭，有春秋许穆夫人垂钓处、元代古柏、明朝青岩寺和古瓷窑遗址，等等。天然太极图就镶嵌在这淇河两岸，汤汤淇水呈反S形环绕阴阳二鱼，阴鱼昂首向西、甩尾东北，阳鱼仰面向东、摆尾西南，纵恒坎离。相传这里曾是周文王隐居研卦的地方，也是我国易经文化的发源地，文化之深厚为历史罕见。

许沟温泉

许沟温泉位于淇滨区金山办事处许沟村地段（淇河二桥处）。

许沟温泉是以前地震流下的火山口形成的，常年清泉而涌，水温四季常温，一直保持在19摄氏度。泉水中含人体所需的多种矿物质，在泉水以下约1公里范围内生长的鸭子所产的蛋，剖开后蛋黄呈红、橙、黄、白一圈圈缠丝状，颜色漂亮，营养丰富，稀奇珍贵，被称为“缠丝鸭蛋”，以前为朝廷贡品，也是鹤壁市“淇河三珍”之一。

淇河国家湿地公园

淇河国家湿地公园总面积332.5公顷，其中湿地面积271公顷，湿地率81.43%。包含生态保育、科普宣教和管理服务三大功能区，在有效保护湿地生态系统的同时，展现出淇河沿岸芳草萋萋、绿竹猗猗、飞鸟成群、鱼翔浅底的湿地景色，已经成为

淇河国家湿地公园

一座自然环境优美、湿地景观丰富、文化底蕴深厚、独具北方河流湿地特色的国家湿地公园。

• 禹贡名山——大伾山 •

辽阔的豫北大平原，在历经5 000年历史的岁月长河中，孕育出了光辉灿烂的古代文明。如果说豫北平原是一轴波澜壮阔的画卷，那么，位于浚县境内的大伾山就是这轴画卷中一幅最深邃悠远的画面。

4 000年前，辛苦治水的大禹“东过洛汭，至于大伾”，成就了大伾山不朽的传奇。因此，大伾山也被记载进我国最早的地理书《尚书·禹贡》中，成为我国文献记载最早的名山之一。因为此山是大禹治水所到之处，故称禹贡名山。大伾山是一座在千里平原上突起的青石孤峰。虽然海拔只有135米，但它平地拔起，孤峰凌云，山势奇特。大伾山是古黄河的转折点，为历代兵家必争之地，被称为“河朔胜景”。其中最大的特色就是人文景观与自然景观相结合，佛、儒、道三教合一。景区内现有佛道建筑群9处，特色突出，景色各异。千百年来吸引了众多诗人、艺术家和宗教信徒前来探访。光武帝刘秀曾在这座山上祭天设坛，唐太宗李世民曾在大石佛前顶礼膜拜，“建安七子”之一的刘

大伾山全景

桢留下了《黎阳山赋》，诗人王维奋笔写下“蔼蔼黎阳川”，“孤峰没云烟”，范成大拈须长吟“大伾山麓马徘徊”，学者王阳明、书法家王铎也来到这里，在苍黛色的崖壁上题刻下诗作。大伾山，就是一部厚重的文化宝典，也有着许多动人的故事，记录了浚县大禹时代的洪荒、隋唐瓦岗军的呐喊、明清时期的繁荣，让后人为之笑、为之喜、为之自豪。

镇河大将军——大伾山石佛

在大伾山东麓天宁寺院内，倚崖雕有大型石佛一尊。它高22.29米，比龙门石窟卢舍那大佛高5.15米，在北方摩崖造像中首屈一指。大石佛是一尊善跏趺坐式大型弥勒佛像。面庞方颐，丰满适中。目平视，唇紧闭，挺两肩，表情庄重。左手覆膝，右手屈肘前举，示无畏印。坐四方墩，脚踩仰莲，脚面平直，五趾平齐。它的开凿年代也在全国最早，始凿于后赵时期，距今已有1 600多年，比四川乐山大佛还早400多年，所以被称为“中国最早、北方最大”。据史书记载，黄河从大伾山下流过，秦汉以后，在浚县一带屡次决口。长期以来，百姓因为无力抗拒黄河的泛滥，就把解除水患的希望寄托在天、神身上。后赵时期，西域高僧佛图澄建议皇帝石勒在大伾山开凿大石佛“以镇黄河”，用佛的力量镇治水患，赢得民心。大石

大石佛的传说

佛也就在这样的背景下得以开凿。

当地传说，当年大禹治水后，大量泥沙倾入东海，龙王便来到黄河兴风作浪，使黄河水暴涨，民不聊生。弥勒佛看到黎民受苦、生灵涂炭，动了慈悲之心，便一脚下去将大伾山跺了个坑，坐下来发功治水，大水退去，黄河恢复了平静。为了永保一方生灵，弥勒佛便坐在这里不走了，当地百姓又称它为“镇河大将军”。

后赵时期的大石佛因战事停废并没有修完，直到北齐时期，大石佛总体工程才基本完工。

大伾山石佛

■ 豫北佛教圣地——天宁寺

因开凿大石佛而修建的天宁寺，古称大伾山寺，创建于北魏太和年间，已经逾越1 400年漫长的岁月沧桑。天宁寺东瞰黄河故道，西倚大伾悬崖，背山面水，形势壮观。门前是平台，台下有“七十二蹬”，系登山之路。石阶两旁的地下曾出土北魏时期的石兽一对，造型独特，系我国早期石雕造像艺术珍品，现存河南博物院。

天宁寺占地2 600平方米，有殿宇30余间，是大伾山规模最大、年代最早的寺院。寺院内呈东西、南北两条轴线布局，主要有山门、天王殿、地藏殿、藏经阁、罗汉殿、大雄宝殿、大佛楼等建筑。

穿过山门，院内宽敞清幽，碑碣林立。其中有后周显德六年（959）《准敕不停废记碑》。记周世宗柴荣令全国废除佛寺，准大伾山寺不停废之事。进得寺院，迎面即藏经阁。建于明万历三年（1575），分两层，宏伟壮观。阁顶用各色琉璃瓦砌成饰纹图案，古朴端庄。明嘉靖三年（1524），从南京天宁寺移该寺藏

天宁寺全景

经6 053卷，1949年移交平原省，现存新乡市博物馆。阁内重塑观音像一尊，高4米，俗称“千手千眼佛”。观音像左右各6只手：最上两手托日月，依次左持拐尺，右握金印；两手胸前合掌；左持弓，右拈箭；左拿青杨枝，右拿净水瓶；最下两手下垂。造像生动精致。

穿过藏经阁，便是大佛楼。大佛楼是东西轴线上的最后一座建筑物，倚崖而建，与崖顶齐，高峻巍峨。内坐倚崖凿就之伾山大石佛，高八丈许，有“八丈佛爷七丈楼”奇谈。

大石佛北侧前院为罗汉殿，正中置木雕佛龛，龛内盘坐泥塑佛像一尊，两侧为十八罗汉。院东侧建钟楼，内悬明景泰四年（1453）铸的铁钟一口。中为大雄殿，崇祯十七年（1644）重修。殿内供“三世佛”，故称“三尊佛殿”。佛高3米，像后绘背光。殿内两侧墙壁上画有二十四诸天，殿后为水陆阁。

位于天宁寺东面的太平兴国寺（简称兴国寺）建于宋代，其寺名是北宋皇帝赵光义以自己的年号“太平兴国”赐封的，和其他的皇家寺院相比，太平兴国寺犹如隐居的高士，深沉清寂。寺内主要建筑有大雄宝殿、观音洞、“晴雨表”朝阳洞等。另外，大伾山还有开凿于元代的观音岩，洞内上方有一处元代线刻观音像，生动传神，是珍贵的古代石刻艺术品。奇特的是，在菩萨唇边有三撮胡须，反映了元代蒙古人的造像风格。

大伾山除了佛寺聚集，还有许多道教建筑。建于宋代的天齐庙，供奉的是道教

天齐庙

中掌管人间生死的东岳大帝黄飞虎及十殿阎君。庙内大殿的衮龙飞云石柱是宋代原殿之物，具有很高的历史研究价值。

道教建筑代表——吕祖祠

建于清康熙年间的吕祖祠建筑群更是豫北道教建筑的杰出代表。吕祖祠建于清康熙十五年（1676），由当时浚县县令刘德新主持修建。刘德新曾两度在浚县任职，在他第二次任浚县知县后开始修山，从康熙十五年到康熙十八年，前后历时四年。自山西侧，从砚花楼、盘山路修起，一直修到山顶的八卦楼、禹王庙。吕祖祠坐东向西，规模宏大，布局严谨，倚山就势，层叠上升，右有霞隐山庄，左有壶天道院。南北二小庙又如一对翅膀与八卦楼呈飞升之势。主体建筑有山门、云凤亭、乾元殿、吕祖洞、纯阳洞天、太极宫、万仙阁等，布局在长达几百米的中轴线上，左右对称，宏伟壮观。院内古柏参天，碑刻林立，曲径通幽。观其整体建筑风格，将古人借景造势的园林风格巧妙融入道法自然的道家思想。

其中，建于山顶的太极宫，楼高三层，八角攒尖，飞檐下的风铃叮当作响，顶尖上的宝瓶熠熠生辉。远远看去，楼影映着蓝天，一派超凡脱俗的气象。宫下是数十级青石台阶，直通“纯阳洞天”圆形券门。门下便是“吹月岭”，吕祖洞和钟离殿就隐在“吹月岭”下。这一带是大伾

吕祖祠

山四壶美景之一的“小壶天”，有神仙出入之喻。据清代人刘承恩纂《大伾山志略》记载，农历小月初一拂晓，本来是上弦月，月弯如钩，可是在太极宫顶却有直径一米余的满月形天象，衬之以大伾山石峰、太极宫飞檐，非常生动。因在拂晓出现，所以称“伾山晓月”。元代人马德华更赋诗赞道：“蒲牢振东林，明月坠西岭。清涵玉镜明，光动金波影。岩扃岚气深，石像苔花冷。目送伾山云，扶桑散初影。”

传说“伾山晓月”的来历与吕洞宾有关。相传，吕洞宾、汉钟离二仙当年为度何仙姑出家，一齐来到凡间。吕洞宾有一嗜好——爱喝酒，汉钟离怕他喝醉误了事，就和他约定，黎明时分天上升起一轮圆月，就是召他回去的时候。吕洞宾答应后就跑到瑶池饮酒，结果喝得醉醺醺的。到了约定的时间，汉钟离仍不见吕洞宾归来，就念动咒语将一块石头变成一轮圆月升上天空。吕洞宾喝得醉眼蒙胧，朝天一望，见一轮圆月当空，于是立即返回。由于他师徒二仙走得慌张，忘记将石头收回，后来，就出现了“伾山晓月”的奇景。

【知识链接】

八丈佛爷七丈楼

大石佛是一尊善跏趺坐式大弥勒佛像。雕刻手法为平直阶梯式，在转弯处有突起圆棱，大佛头部小，上身短细，下身粗长，呈三角形，体现了早期石雕艺术的特点。大石佛历史悠久，因长期风雨侵蚀，自然剥落严重。为保持大石佛整体面目，明成化十年（1474），工匠在佛自身覆盖涂泥皮一层，并金饰彩绘。之后，明清两代至民国年间多次重修。而北魏时期所建的护佛高阁于元末毁于兵火。明正统十年（1445）重建护佛楼，高约七丈，“八丈佛爷七丈楼”成为奇观。八丈佛爷如何能装进七丈楼里呢？可谓古人最佳“广告词”，吸引着无数人到大伾山观此胜景，原来大石佛足部位于楼台下3米多处，佛爷才能住在楼里，浚县自古有“八丈佛爷七丈楼，还有一丈在下头”的民谚。浚县大石佛是我国年代最早、中原最大的摩崖造像，2001年被国务院公布为全国重点文物保护单位。

系头绳

游览浚县大伾山，您会看到山上的树上常年飘扬的红头绳，这是当地奇特的民俗现象。在朝拜进山的过程中，红头绳是不可缺少的。把红头绳系在树上，人们称此为“拴枝”，是“拴子”的谐音，意在祈求赐子，表示善男信女们已经把美好的祝愿留给了菩萨，菩萨已经派手下人将之遵章造册，只管回家静候佳音便是。当然结束时，求子的人不要忘了再捎一根红头绳回去，红头绳的一头拿在手里，另一头已经把“子”牢牢地拴住了。忘了，这一趟可就白来了。

鬼谷仙境——云梦山

云梦山位于淇县西南15公里，属太行山脉，主峰海拔577米，重峦叠嶂，山岚雾霭，云蒸霞蔚，气象万千，泉水潺潺，百花争艳，素有“青岩仙境之胜”的美称。

云梦山

云梦山自古以来就是游览胜地，现存鬼谷洞、太阳洞、孙膑洞、庞涓洞、孙膑墓、舍身台、鬼谷墟、演兵岭、天书崖、玉帝殿、三清殿、南北桃园、南天门、八卦城等主要景点50多处。云梦山是我国历史上第一所军政学校——“战国军庠”所在地。纵横家鼻祖鬼谷子在这里写出了一部旷世奇书《鬼谷子》，培育出了孙膑、庞涓、苏秦、张仪、毛遂、尉缭等军事家、纵横家、外交家。魏晋以来，文人墨客纷纷慕名前来，或凭吊，或游览，唐代甄济、柳宗元，明代的于谦、孙征兰、李东阳都曾到此游览，并留下了华美的诗篇、摩崖题记和碑刻。

云梦山可谓佳山秀水。山中有映瑞池，也称九龙池，为云梦青龙、火龙等大大小小九条山涧汇流处，位于云梦峡谷东段垭口。水池里红色的小鱼徜徉其中，丝毫感觉不到世外的嘈杂与烦恼。这水池边，有一眼井，与映瑞池相通。过映瑞池向上走，即鬼谷祠，是祭祀鬼谷子的场所。此处建筑风格古朴典雅，不过不见木材，全被石头代替。

“云梦仙境”以鬼谷洞最为有名。相传，鬼谷洞系鬼谷子讲学授徒的地方，位于云梦山东段半山崖上，坐南面北。高10

米，宽5米，进深80余米，石室深幽，内有泉潭。泉水每每溢出，在洞外形成飞瀑，地涌天悬，啸声充谷，十分壮观。正是“乘云愿洒泉为雨，飞润闫浮四百州”。现今洞口仍刻有明代摩崖题记，其文为魏碑横书“水帘洞”三个盈尺大字，洞口镌刻一副楹联：“碧水为帘山头挂，红桃似锦洞品开。”其右竖题“鬼谷先生隐处”六个行书小字。洞顶钟乳石造型千姿百态，水珠沿着倒垂的石笋滴滴落地，叮咚有声，犹如仙人在抚琴弄筝，为眼前的美景配乐。洞内有一泉水，名曰“仙泉”。仙泉在洞内形成一个小潭，潭水清凉，深不可测。洞口上方有一天窗，阳光沿此窗深射洞中。窗口下有一排水珠沿洞口滴落，恰似一幅高悬的珠帘。洞右上方镌刻一副对联：“天开道眼，山透玄心。”地面上有两道深深的车辙和牛蹄印迹，从洞内一直延伸到洞外，相传鬼谷子经常乘牛车从此出入。

摩崖石刻

云梦山有宋代石窟，元、明、清各代的摩崖题记100余方，明清的碑碣30余通，还有孙膑洞、毛遂洞、道教石塔、石牌坊、三清殿等古建筑。这些形成了庞大的摩崖石刻群。

五里井石窟位于云梦山五里井距地表约10米高的崖壁上，凿建于宋代。窟门面向东，窟内平面近方形，四壁雕有横向排列的小佛像，现存103尊。

道教石塔，位于云梦山盆地北山庞涓洞下方，明正德八年（1513）建造。塔平面呈正方形，边长1.5米，尖顶，中间有层密檐，通高4.22米，塔南面下部中间嵌一块碑铭。这座道教石塔在河南独一无二，为研究道教在云梦山的活动史和我国道教建筑，提供了重要的实物资料。

水帘洞口上方镌刻着明万历十一年（1583）龙门通判窦文的摩崖题记“水帘洞，鬼谷先生隐处”。书体是魏碑，字大醒目，证实鬼谷子曾隐居于云梦山办学。窦文撰写的《诣水帘洞有感》碑，立于水帘洞口，碑文为七绝一首：“天开玄窍授名贤，地涌灵泉在里边。万古水甘帘不卷，有谁读易绝韦编。”字体为行草，潇洒流畅，诗文高度概括了当年鬼谷子办学的盛况。水帘洞口右壁刻有明代御史孙征兰题写的《仙洞偶笔》两首诗。一首为：“盘古谁施开混针，斜穿山腹作仙心。我来洞代仙开口，心似山空古在今。”另一首为：“洞为仙人万古留，泉滃仙髓带云流。乘云愿洒泉为雨，飞润闫浮四百州。”诗文把佛教、道教两种思维观点巧妙地融合在一起，来陈述自己的心志，同时赞美水帘洞。这方题记用狂草书写，如行云流水、飞鸿戏海，可谓草书之精品。

孙膑洞又称洗尘洞，清代所建，在水帘洞北侧约20米处，坐西面东，依山建房，面阔三间，进深四间。前墙由青石砌建，门窗均为石雕，屋顶用一整块青石铺盖，雕刻斗拱、圆形瓦当、瓦垄。洞中有两排方形石柱。石柱上线刻和浅浮雕“孙膑下山”“孙膑、毛遂下棋”和“铡赵王”“下燕京”“敬德战秦琼”“秦琼发配”等戏剧人物图案。其中41幅戏曲人物图已载入《中国戏曲志》和《中国戏曲大辞典》。这些图案对研究我国古代戏剧和清代绘画艺术有着极高的价值。

云梦山盆地舍身台悬崖处的摩崖题记是迄今河南省发现的面积最大的摩崖题记，高6.9米，宽3.77米，面积26平方米。因上面水锈严重，字迹模糊无法辨认，其时代和题记内容待除锈后方可断定。

云梦山还有一通《重修道院记》碑是目前保存最古老的碑，此碑就山而凿，通高3.54米，宽1.2米。碑刻于元大德三年（1299），是翰林学士、中奉大夫王恽书写的。他用精辟的文字生动地描述了水帘洞的自然美景，追述唐代甄济隐居此山的情况和元代全真学者李志和修复云梦山道院的情景。王恽在游览了云梦山后还写过一首诗，其中有两句是“徘徊读尽摩崖记，却笑无能继后踪”。一方面说明当时云梦山的碑刻、摩崖非常多，元代以前就有不少摩崖题记，另一方面也道出了对鬼谷子的敬仰。这块碑的独特之处就在于下边这个赑屃，头是向里歪着的。相传因为当年鬼谷子先生在水帘洞里讲课，赑屃被鬼谷子的课所吸引，听得入了神。洞外右侧有鬼谷亭，亭内塑鬼谷子站像，手握兵书，目视乾坤。祠前楹联是“志匡天下创序育人功垂万世，心怀国是著书立说名播千秋”。

虽然元代以前的摩崖题记因山体风化已损毁，但云梦山现存的石窟、石塔、石屋、石牌坊、碑碣和100多方元、明、清摩崖题记等石刻文物，仍使学者和游人流连忘返、心向往之。云梦山摩崖石刻犹如一座石刻艺术博物馆，具有丰富的历史信息和深厚的文化艺术内涵。

云梦山摩崖石刻2006年被公布为全国重点文物保护单位。

撒豆成兵的传说

在鬼谷子讲学期间，曾经留下了许多传说故事。相传，孙膑和庞涓上山学艺，鬼谷子感到很高兴。他很希望这二人多学一些，学深一些。过了一段时间，鬼谷子见二人的基本功已扎实，便将孙膑和庞涓叫到身边说："你二人已经有了一些基础，今天，我教你们排兵布阵。"孙膑和庞涓相互对视了一下，面露难色。鬼谷子看出了他们的心思，就说："你们是不是想说，没有兵将，如何排兵布阵？"

"你们看，"鬼谷子指着桌上说，"这不是兵将吗？"孙膑和庞涓往桌上看去，见只有一碗绿豆，心里觉得好笑，可又不敢笑。鬼谷子知道二人的小心思，于是带着二人来到演兵岭上，手抓一把豆，口中念念有词，说了声"疾"，随手将豆撒了出去，说来也怪，这些绿豆一落地，都变成了活的兵将，并且分成了赤、皂两队人马。演兵岭上顿时人声鼎沸，战马嘶鸣。孙膑和庞涓都看呆了，连先生叫他们都没有听见。鬼谷子命孙膑为赤军帅，庞涓为皂军帅，各领己军与对方交战，鬼谷子在一旁指导；经过多次演练，孙膑和庞涓的本领大长。稍事休息，鬼谷子又教起布阵来。鬼谷子说："布阵之要诀在于进可攻、退可守，攻守兼备。攻则摧枯拉朽，守则固若金汤。先看此阵。"说着，鬼谷子随手一挥，兵将排列出一阵，蜿蜒起伏，犹如长蛇一般。鬼谷子说："此阵以其象形而名，叫长蛇阵。如常山之蛇，击首则尾至，击尾则首至，击中则首尾俱至。其他阵法，大致如此。你二人可细心研读兵法，将书中所言与实际运用结合，融会贯通，方能得其真谛。"孙膑、庞涓在鬼谷子的指点下，在演兵岭摆开了各种阵法。有风后握奇阵、黄帝八卦阵、周易师卦阵、鬼谷子的颠倒八门阵。斩草为马，撒豆成兵，云梦山演兵岭成了孙膑、庞涓斗智斗勇的战场。今有当年鬼谷子考试学生的场所——舍身台。当年鬼谷子收学生时必须让弟子从舍身台上跳下，一看他们的勇气，二看他们的诚心。学生学满下山时，让他们跳入丈余深的鬼谷墟中进行论对，如果能把老师说得落泪，就可毕业下山。

自然与人文相得益彰

云梦山不仅人文景观丰富，同样也有着优美的自然景观。在舍身台北侧有一眼清泉，四季涌流，甘洌舒口，谓之龙泉，是清溪之源。龙泉水，水帘飞瀑与涧水汇

【知识链接】

龙生九子

俗传龙生九子不成龙，各有所好：一曰赑屃，形似龟，好负重，今石碑下龟趺是也；二曰螭吻，性好望，今屋上兽头是也；三曰蒲牢，形似龙而小，性好叫吼，今钟上纽星也；四曰狴犴，似虎有威力，故立于狱门；五曰饕餮，好饮食，故立于鼎盖；六曰蚣蝮，性好水，故立于桥柱；七曰睚眦，性好杀，故立于刀环；八曰金猊，形似狮，好烟火，故立于香炉；九曰椒图，形似螺蚌，性好闭，故立于门铺。

成一个小湖，名曰映瑞池，也叫清池。由清池流出沿鬼谷西行，形成清溪。

五里鬼谷是一道绵延五里的山谷，两侧山势陡峭，峰峦峙立。春夏之季，灌木郁郁葱葱，野卉芬芳，蝉鸣蝶舞，山泉瀑布飞溅；一到秋季，山色俊俏，满山的野菊花竞相开放，一片金黄，簇簇的山榆树，红叶片片。五里鬼谷中段，有孙膑退隐后自选的水帘石棺，即孙膑墓。在五里鬼谷里头有一口水井，因距军庠五里，故曰五里井。相传当年弟子们下山时，鬼谷子都要一一送到此，取井水代酒，为弟子饯行。

云梦大草原位于淇县西南15公里云梦山群峰之巅，面积约16平方公里，是太行山脉中极为罕见的山顶草原，起伏舒缓，空旷开阔。春季桃花烂漫，夏季绿草如茵，秋季茂草齐胸，一望无际，纵马驰骋云梦大草原能欣赏到一派塞外风光。

云梦山自然景观与人文景观的巧妙结合，形成了其独特的魅力。鹤壁市每年举办云梦山草原风情文化节，吸引了大量游客。1994年、2000年、2009年三届全国鬼谷子文化研讨会在云梦山举行，中国先秦史学会鬼谷子研究分会也在此成立。云梦山成为全国鬼谷子文化研究基地。

• 女娲道场——古灵山 •

古灵山风景区地处太行山中，景区游览面积10平方公里，是以殷商文化和女娲文化为特色的人文风景旅游区。灵山寺在群山环抱之中，峰峦拱翠，龙虎二山保驾，古灵山、馒头山前后呼应，山岩嵯峨，曲溪流泉，峰回路转，步换景移，绿树红花，百鸟欢歌，可谓“灵山抱妙寺，神泉涤心埃”。古灵山自古就是群仙会聚的风水宝地，是“封神榜”故事发生地、人祖女娲修真处。南北朝年间，由曾出任京城昭玄大统、掌管全国僧尼40年的著名高僧法上（朝歌人）在此修行。唐开元年间，灵山寺得以重修。这期间，寺院所辖面积500余亩，高僧200余人，古磬阵阵，木鱼声声，游客云集，香火旺盛。灵山寺是该处主要建筑。据明代《淇县志》记载，该寺创建于殷商时期。唐开元年间重修，是淇县创建较早的寺院之一。寺以古灵山为主，故名灵山寺。唐、宋时期是灵山寺鼎盛时期。灵山寺名声远扬，惊动朝廷，唐高宗永徽六年（655），曾召见寺院长老法如到长安垂询佛事。明代山东副使裴骞专程从山东来游灵山寺，并写有《游灵山寺记》一篇、诗三首传世。明代主事李继先隐退汤阴，闻古灵山古刹水石甚佳，专程来游。寺西侧有女娲宫，相传是

古灵山女娲托石补天

古灵山灵光阁

纣王降香的地方。

古灵山自然景观优美，人文景观迷人，堪称华夏奇观。天下一绝的女娲峰就在灵山内。女娲峰形似女娲，头挽发髻，面慈目祥，身着舒袖褒衣，双肘屈于胸前，庄严肃穆，回眸大地，恰似在观览人间的真善美和假丑恶，又若为芸芸众生默默祈祷，真乃天开地设，鬼斧神工。

女娲何以在此仙栖？相传，当年女娲抟黄土造人，并炼五彩石补天，折断鳌足支撑四极，治平洪水，杀死猛兽，使天下百姓得以安居。而后，她来到古灵山修真，与天下人共颐晚年。一日，殷纣王到此降香，祈国泰民安，目睹女娲尊容，顿生歹意，在女娲宫前留下淫诗。女娲见后怒不可遏，离开行宫，跑到南山山巅，面对苍天大地长叹：“我创造人类，如此辛苦，谁知纣王不行正道，竟敢羞辱于我，让我怎可忍受！”时至今日，女娲仍矗立于此，目视人间，因此，世人就把此峰叫作女娲峰。

与女娲峰正对的建筑是女娲宫，人们为祭祀她，在此修建了女娲娘娘庙。据明以来的《淇县志》记载，女娲宫历代皆有修复，现在的女娲宫是近年来修复的。此宫面阔三楹，雄伟壮观。宫内供奉彩塑女娲巨像。女娲是上古一位神通广大的女神，被世人尊称为创世神、始祖师、保护神。

在古灵山山腰处有一个天然石窟，

高8米，深30米，洞内钟乳石形成数尊栩栩如生的佛像贴于崖壁，非常神秘，别有洞天，故名古佛洞。相传，此洞是灵山寺大佛修炼成真处。入洞口的山壁上有一尊高约2米的大型天然佛像，面目慈祥，两耳垂肩，体态丰满，形象逼真。由于洞口狭窄，入洞时必须贴佛心而过，故曰："佛心有我，我心有佛，佛心人心，心心相印。"因此人称此佛为相心佛。古佛洞口镌一则回文联，耐人寻味："灵山寺山灵，古佛洞佛古。"此洞窄长，曲径奥妙，灵气幽幽，宛如迷宫，令人神往。贴壁挤身进洞，洞内凉气袭人，清爽异常，奥妙无穷。仰卧下滑而出，顿觉身心爽快。

灵山寺后有一河流，名曰玉带河。河水甘洌爽口，沁人心脾，让人回味。玉带河自灵山黑龙潭突溢而出，绕千年古刹而过，河水潺潺，叮咚作响，犹如琴弦畅鸣，或浪拍石崖涛声如啸，呈现出瞬息万变的天然画卷。玉带河流至大圣峰前，形成一个湖泊，名曰白龙潭。湖水清澈，是人们泛舟、垂钓的理想去处。从寺院沿羊肠小道西行，过鹊桥渡，穿梨树坡，拾级而上便来到了观音洞。此洞位于悬崖峭壁上，深9米，高丈余，内奉观音坐像，雕工精细，惟妙惟肖。前来祈求指点迷津者络绎不绝。

古灵山每年7～8月举办古灵山女娲文化暨山水旅游节；10～11月举办女娲万人朝拜盛会；2005年举办了首届女娲文化研讨会。

• 药王居处——五岩山 •

五岩山又名苏门山，位于鹤壁市老区西北8公里，为太行山余脉。因山有五谷五峰，故曰五岩。山势自东北向西南延伸，长约1.5公里，群峰环绕，岩石峥嵘，景区最高点海拔574.9米。五岩山古有两观一寺，南为五岩寺，北为栖霞观，下为葆光观，是佛教道教圣地，历代多有名士高僧、文人骚客，如晋代的孙登、阮籍、嵇康等览胜驻足，更因大唐药王孙思邈曾经隐居于此而久负盛名。

药王孙思邈隐居五岩山采药炼丹、著书立说、治病救人，在当地留下了许多美好传说和人文佳话，诸如神医治虎、妙手治龙、一针救二命等至今仍然为人津津

五岩山

乐道。如今，山上还有药王隐居处、炼丹处、著书阁、藏药库、晾书台、练功石、捣药臼、撵池、杏林等众多药王遗迹遗存，且有宋、金、明、清等多代纪念药王的碑石摩崖，具有极高的中医药学文化研究价值，五岩山也因此被称为“药学圣地”。

进入五岩山山门，首先看到的是一尊孙思邈的石像，仙然飘逸迎客来。遥遥望去，药王殿于云雾缭绕中若隐若现，在半山腰傲然挺立。

踏上一百○一级台阶，就是气势恢宏的药王殿。据传说，当年药王为虎治伤，虎伤愈后守卧杏林而不去。而今殿前石雕百虎个个栩栩如生，虎虎生威，一百个老虎一百种形态。石刻百草图，将一百种草药的用途做了简单的介绍。

拾级而上，五岩山至高处就是孙思邈隐居地药王洞所在，传为当年孙思邈隐居时栖身之所。洞内有明弘治元年（1488）刻造孙思邈真人像石座，今又塑其像于上。洞顶侧有宋崇宁元年（1102）石刻题字、金大定二十三年（1183）摩崖一方等。进洞10米处有一溶洞，大如室，顶高数丈，洞顶钟乳石似虎似人，千姿百态。洞壁细水渗流，呈点点小泉，被视为神水。药王洞内彩石斑驳，钟乳突兀，千姿百态，光怪陆离。洞尽头有一桃形巨石，晶莹剔透。药王洞外百米处，有一处滴水岩，常年滴水，形成钟乳石，岩壁形状如瀑布，积水沿石壁下流，有的地方如一根丝线，垂直而下，有的地方如断了线的珍珠，滴滴答答，落地有声。站在滴水岩下，阵阵清凉清爽扑面而来。山谷北侧绝壁上，有东魏兴和四年至武定七年（542—549）倚山而凿之石窟，石窟造像面南，倚山势由东向西分5处开凿。共有大小佛龛41孔，造像154尊，护法狮子48只，发愿文题记12方，其中能辨认出年号的10方。其中，较大的石窟平面呈马蹄形、穹隆顶，佛多呈说法、禅定相。窟龛的形制、装饰、布局造像、体态服饰、雕刻刀法等均保留着南北朝造像艺术的特点和风格。

宋崇宁元年（1102）九月《游孙真人洞》记载“苏门南望回，嵇阮为谁来”的诗句，无疑是说魏晋时的嵇康、阮籍都曾经在五岩山一带生活过。金大定年间、明弘治年间都对五岩山孙思邈洞进行过修缮。据宋徽宗时的《苏门山重修真人像记》记载，孙真人晦迹韬藏，名扬四海，民众不忘，塑造仪像万古不朽，岁月同于五岩山阴，充分展现了当地民众对孙思邈来鹤壁五岩山一带济世救众的感激之情。

在五岩山下有始建于明嘉靖年间的葆光观，清雍正九年（1731）重修孙真人殿前燃香台和万兴桥、万悦台、万鹤台，雍正十年修山门和南善门，现有老君堂、三官殿等。传说唐太宗李世民有一个公主名叫引琴，都18岁了，还待字闺中，没有招下驸马。一天，引琴公主为了解闷，就与贴身宫女到御花园里去散心，这时，御花园门前河里一条小青龙看见年轻貌美的引琴公主，竟然动了心。当晚，小青龙就化作一个眉清目秀的美少年，跑到睡眼蒙眬的引琴公主的闺阁去。从此以后，引琴公主就有了身孕。月余后，引琴公主茶饭不思，整天浑身无力，只想睡。唐太宗得知后，请来御医，给公主诊病。可是，一个个御医诊过后，都认为公主像是怀了孕；但一想，公主并无驸马，怎能越轨做出非分之事呢？于是，谁也不敢肯定，个个推

五岩山东魏石窟

大唐药王——孙思邈

孙思邈“妙手回春”与“回天乏术”

央视网

狼洞神石

手谢罪。太宗无奈，就下了一道圣旨，叫手下大臣到五岩山上去请孙思邈。大臣到了五岩山，见到孙思邈，说明了来意。孙思邈二话没说，就跟大臣来到了长安。孙思邈来到皇宫后，就去给引琴公主诊病。谁知公主躲在宫室不愿见这个从山野里来的孙思邈，孙思邈想了想，也罢。他就用一根细线，隔窗拉进宫室内，一端让宫女掐住，按在公主腕上；一端自己逮在手上诊断。引线诊断完毕，孙思邈果断地说："公主是喜不是病，公主身怀六甲。"太宗听罢，满面通红，气冲冲地问道："你可断定是喜不是病？"孙思邈毫不迟疑地说："敢以头颅担保。"太宗一怒之下，把孙思邈送进了牢狱。唐太宗李世民是一代明君，重视良才，治国有方，孙思邈被送进大牢后，他想来想去，这孙思邈敢以自己头颅担保，可见公主有私。不然先生怎敢冒断头这个风险呢？既然女儿有丑，留恋何用，不如剖腹明心。若女儿真的是有喜，她是罪有应得。若不是喜，以先生的头颅为女儿鸣冤，也堵塞了天下人的耻笑。想到这里，他就一道圣旨传了下去，要女儿剖腹明志。圣旨发出后，被狱中的孙思邈知道了，立即托狱官传奏一本，说可用药物来证实。太宗应允了，一剂药用完，公主堕胎了，堕下的胎儿竟是一个小龙娃。于是，太宗就把孙思邈请出牢狱，亲自赔礼道歉，又封孙思邈为"药圣"。小青龙为了感激孙思邈救人之恩，逢年过节都要到五岩山上敬奉孙思邈。从此，在山上就留下了龙爪印。

菩萨洞壁上画有虎驮孙思邈采药之图，传说这里是孙思邈的藏药洞，洞深约10米，高1.5米，越往里走越窄，强挤一人，方可进去。据民间传说，孙思邈常用毛驴去驮药，一次在途中驴让老虎吃掉了。孙思邈采完药材，去寻找驴，看见虎吞驴难以下咽，卡住喉咙，就立即上前救之，老虎为了感谢孙思邈救命之恩，就让他骑在自己背上，往返于山中采药。

五岩山风景区历史悠久，文化积淀深厚，璀璨的历史文化景观与优美的自然风光相得益彰。

【知识链接】 孙思邈

孙思邈（581—682），京兆华原（今陕西铜川市耀州区）人。我国隋唐时期伟大的医药学家和养生家，高寿101岁。他博涉经史百家，兼通佛典，收集、整理、验证方药，著《千金要方》《千金翼方》。两部医典论述各种疾病数百种，收集方剂近万帖，是我国最早的临床百科全书。由于他医德高尚，医术精湛，被后世尊称为“药王”。

• 佛道圣地——浮丘山 •

浮丘山位于大伾山西约1公里，紧邻浚县城南面，所以又称南山。宋代称小横山，金元时称浮龙山，因山有叠峰三层，突出平原，如水舟漂浮，故名“浮丘”。山上曲径通幽，树荫蔽天，肃穆静谧，亭台楼阁遍布其间。

■ 道教建筑集中地——碧霞宫

碧霞宫即“碧霞元君行宫”，又名“圣母庙”，俗称奶奶庙，建在浮丘山之巅。前后三进院落，有殿宇楼阁87间，占地11 116平方米。始建于明代嘉靖二十一年（1542），为浚县知县蒋虹泉主持兴建。后经历代多次重修扩建，渐具现今规模。碧霞宫集我国南北建筑之长，自成独特风格，是豫北地区主要的道教建筑群。

碧霞宫坐北朝南，其配阁廊坊对称，分作山门及附属建筑、前院、中院、后院四个单元。山门建在二级月台之上，三面均有石砌台阶。台上有清代石坊一座，石狮一对，台对面有清代戏楼，1980年修葺。山门为单檐歇山顶建筑，琉璃瓦覆顶，挑角上分别有飞凤、海马等。面阔三间，通开三个朱红大门，门上各饰81个铜制门钉，中门悬有巨幅匾额一块，隶书题为“碧霞宫”3个大字。碧霞宫四角各建镇角楼一座：西北称“乾宫楼”；东北称“艮宫楼”；东南称“巽宫楼”；西面称“坤宫楼”。现仅存巽、坤二楼。

过山门，便是前院，前院树木蔽日，碑碣林立。两厢四帅殿及钟鼓楼左右相对。院中有一长方莲池，四周青石镶边，池内清水涟漪，上架精工砖石结构桥一座，附砖石质扶手凭栏。到此漫游散步，

碧霞宫

意趣非凡。

中院为碧霞宫主体建筑，院墙分置3个大门，中间为四阿顶如意斗拱建筑，两侧廊房各10间。中五间为阎君殿，原有十殿阎王及“阴司报应”等塑像，相貌严森。东廊南间塑三曹官，北梢间是罗祖。西廊南间塑包公，北梢间是财神。碧霞宫大殿建在面积约800平方米青石铺地的高台上，台基用砖砌成，高约两米，四周护以石雕栏杆。大殿正面左右砌12层台阶，中间嵌以精工雕刻之云龙石雕。大殿东西两山墙外壁彩绘“八仙”，后墙壁彩绘“十二乐女”。大殿面阔五间，进深3间，殿高13米，殿由卷棚顶拜殿和悬山顶后殿组成，用琉璃瓦覆顶。后殿正脊当中竖一铜葫芦，高2.5米，下围3米，经年不锈，金光闪烁，人称“风磨铜宝葫芦”。殿周围有走廊。拜殿面阔5间，进深7间，明间和两次间各开4扇通棂条棂格扇门，两侧系透棂窗，木雕花卉鸟兽，图案精致。左窗嵌有“灵镇东岱”，右窗嵌有“光映西池”字样。檐下垂拢，玲珑剔透，其间绘“二十四孝”“子路问津”“龙马负图”“女娲补天”等画。殿内雕梁画栋，绘“进妲己”“访姜尚”，以及取材于古诗、生活、器物等不同类型的图案画共30余种，琳琅满目。两侧以木板隔为厢房。木板上端有工笔仕女图，色彩鲜艳，形肖逼真。殿正中有两米高砖台，上塑高1米余之坐像3尊。像后与后殿置隔扇门。后殿内有3座砖雕莲台，台上各有木雕神橱1座。木橱透雕龙、凤、花卉图案，极其精致。橱内各塑有1尊元君像，3尊泥塑各有风格：中间1尊神像号为“碧霞元君”，表情宽厚；左侧“紫霞元君”神采仁慈；右侧“佩霞元君”目光爽直。3位元君金冠黄袍，端坐执圭，瞻之大有宽慰之感。大殿西侧有三仙殿，内塑“云霄、琼霄、碧霄”三仙。

后院主体建筑为寝宫楼，寝宫楼建于清顺治三年（1646），它是碧霞宫的最后一座建筑。面阔3间，进深1间，为四廊三重檐歇山顶建筑，楼顶部的四周飞檐挑角上饰仙人、飞凤、海马等物。琉璃滚龙飞云楼分两层，上下有走廊绕行，故又称“转角楼”。楼上有一木制暖阁，阁内塑有碧霞元君卧像1尊，人称“睡奶奶”，两侧各建配楼3间，登楼远眺，心旷神怡。

碧霞宫是我国豫北地区典型的道教建筑，由此而兴盛的正月古庙会及农历五月二十五碧霞元君生日庙会，是我国宝贵的文化遗产，在中原地区享有较高的声誉。

值得一提的是刻于山门石柱上的楹联非常耐人寻味：“浮丘妥圣灵，峰边伾峙，两道青螺扬峻德；卫水环神刹，涛接淇泉，一泓白练漾神功。”意思是大伾山和浮丘山好像两道青螺，静静地耸峙在古黄河岸边；卫河水自南而来，绕浮丘山脚下北去，它的上游与淇水相接，像条白练自天而降。这副对联生动形象地指明了碧霞宫所处的地理位置和宗教价值。

山门内东西对称的四帅殿和钟鼓二楼，二门为庑殿顶，如意斗拱，结构精巧，造型优美，门楼内外各嵌一横匾，前书“贻尔多福”，后书“群生系命”。

千佛寺石窟

碧霞宫之北有一座突起的小山头，人称“山上之山”。其西壁并排有两个石窟，南窟即千佛洞。内有浮雕造像千尊，姿态各异，栩栩如生，为石雕艺术珍品。

千佛寺石窟开凿于唐高宗永隆年间，以后屡有开凿。大石窟在西壁南，洞前3间券棚顶拜殿为清代所建。洞口呈券形，上方有清代书画家程涝题写的“佛国”2字，洞窟内平面呈椭圆形，顶为穹隆式，高2.5米，深3.15米，宽3.52米。内供三世佛，他们二目微睁，神情安详，褒衣博带，结跏趺坐于须弥座上。佛两侧有弟子、菩萨等共12尊石刻造像。三世佛背呈火焰形，上雕佛像，以莲花托之，洞壁周雕刻无数佛龛，龛内供佛，共有大小佛像996尊。洞壁有唐高宗及武后年间的题记。门楣上刻6个八思巴文，落款“至元六年二月□日刊”。西壁北侧石窟较小，内平面呈马蹄状，高1.8米，深1.6米，宽2.1米。窟内雕像120尊，大部分已经损毁，唯有洞口力士像尚存。窟壁镌刻“如意”、宋代嘉祐及明代成化年间题记，其内容皆系祈福消灾。

千佛寺石窟作为盛唐时期的产物，窟内人物形象丰满生动，造型包含了佛、菩萨、力士、弟子、供养人等。其雕刻手法包含了浮雕、透雕、镂空雕等，具有很高的历史文物价值。浚县千佛洞虽然没有龙门石窟的博大雄伟，然而这里却是小家碧玉般的雅丽和巧秀。佛、菩萨、弟子、力士，各自有着不同的天分和禀赋，却又有机地联系在一起，由此就构成了一幅仪态万方的佛国圣景图。

2001年，千佛寺石窟被国务院公布为全国重点文物保护单位。

传说，千佛洞所在的青石岩当年是极乐世界须弥山上的镇山之宝，非常富有灵性。一天，如来佛巡游须弥山时，从它跟前走过，衣服带被此石一角挂住，怎么都解不开。佛祖心中非常恼火，就想一脚把它踢走，但转念一想，莫不是它不愿在此甘守寂寞要有所求？佛祖就问它：“你莫不是要出须弥山？”这一问，佛祖的衣角果然就放开了。佛家讲的是静修正果，遍证菩提，青石这么急着出世，说明还没有修炼到家。于是如来佛就将它放到东洋大海的海底，让它在那里继续忍受更大的寂寞，让海潮与它做伴。如来佛说：“何时海枯水干，便是你出世之时。”也不知过了多少万年，灵石静静地修炼，耐心地等待。终于有一天海水干枯，海底成了平地，灵石有了出头之日。它的四壁，至今还保存着海水冲刷侵蚀的痕迹。等到了唐代，佛事大兴，武则天在洛阳龙门捐脂粉钱开凿了奉先寺卢舍那大佛。一时间天下人仿效，浚县的善男信女终于发现了这块静修了多少万年的灵石，开洞造佛，普度众生，每天香火旺盛，行人接踵。灵石这才了却了心愿。

当然，浮丘山与大伾山均是太行山余脉。从地质年代讲，均属5亿年前的寒武纪生成的石灰岩山体，造山运动使它从海底升成陆地，并成了山冈。这块岩石当初的确是海中的一块礁石。

进士荣耀——恩荣坊

牌坊，代表着封建王朝对功成名就人士的认可和表彰，是用石头雕刻成的勋章，是达官显贵光宗耀祖思想的物化表现形式。明清时期浚县人文蔚起、科第蝉联，为了光宗耀祖、流芳百世，功成名就者就旌表立坊。孟继，官至按察使。孟继之子孟含霓，官至承德郎，南京工部主事。孟含霓之子孟楠，字蘧林，万历二十六年（1598）进士，工部主事。恩荣坊原址在浚县卫贤镇卫贤集大街，是明万历四十五年皇帝为表彰工部主事孟楠一门三进士而赐建的牌坊。

恩荣坊是一座极为精致的“四柱三间五楼不出头”式石质结构牌坊，三重檐庑殿顶，通高9.79米，面阔9.3米，造型古朴大方，雕刻精美独特，俗称花牌坊。顶部楼檐下雕一竖匾，上刻“恩荣”二字。竖匾以下共有七道枋，第一道上雕“二龙戏珠”，第二道上雕“龙章宠锡”，第三道上雕“八仙庆寿”，第四道上雕“敕封承德郎南京工部主事孟含霓”，第五道上雕“竹林七贤”图，第六道上刻“赐进士

恩荣坊

【知识链接】

牌坊摞牌坊

孟家恩荣坊是明皇帝赐工部主事孟楠的。相传孟楠建牌坊时，需要占用赫家的地方，邻居小赫瀛上前问道：“您建牌坊占了俺家的地方，将来俺家要出了大官，牌坊建在哪里？”孟楠不屑一顾地说：“要真做了大官，就建在我家牌坊上边。”后来赫瀛果然高中进士，孟家只好让赫家将牌坊建在自家的牌坊上了，人称“牌坊摞牌坊”。

第承德郎工部主事孟楠”，并刻题记，最下一道枋上雕一画面，共16人，有骑士、仪仗、随从，空中有仙人护佑，前有一城门，门内有一人掩身张望。整幅画面描绘了衣锦还乡、荣归故里的情景，可谓是匠心独运。人物、树木、花草均为立体透雕，形象逼真，栩栩如生。

恩荣坊系河南省文物保护单位，为更好地保护它，浚县文物部门1998年将恩荣坊搬迁至浚县大伾山百猴路。一座牌坊，一段传奇，恩荣坊历经几百年岁月，虽历经风雨打磨却依旧傲然挺立，代表着卫贤孟家的荣耀与辉煌。如今，辉煌过去，留下的只是这座孤零零的石牌坊，向世人展示着其精美的雕刻和较高的历史价值。

• 北魏石佛——田迈造像碑 •

田迈造像碑位于淇县高村镇石佛寺村内。该碑于北魏永熙元年（532）建造，因邑老田迈造像，故名。村也因石佛而得名。造像碑是一通雕刻有释迦牟尼、菩萨、飞天、菩提树、青龙、鸟、太阳、月亮、铭文等图像的巨大莲花瓣形石碑。通高2.95米。碑身高2.75米，宽1.25米，厚0.17米。碑座高0.2米，长1米，宽0.2米。

碑正面雕一佛二菩萨，中间为释迦牟尼佛，其左、右侧分别为普贤和文殊菩萨。释迦牟尼佛上方雕一长方台，台中雕刻七个小佛，台上雕一棵菩提树，树下雕二佛。菩提树上方雕一方塔，塔身上刻两个龛门，里面各雕有一佛像。长方台下方两侧雕一对青龙，龙口吐莲花，莲花上各坐一小佛。菩提树两侧雕刻三对飞天，均

田迈造像碑

赤裸上身、下穿衣裙，每个飞天都在吹奏不同的乐器，极具艺术感染力。

石碑背面全为凹下去的线刻。上部雕有一棵弥勒佛成道时的龙华树，枝繁叶茂，树干粗大，叶如羽翼，果似茄形，果上有鳞状纹。树上栖吉利鸟和妙音鸟。树下有五边垂拱，拱顶下凹，雕有两只鸱尾鸟，边拱两端也有两只。边拱上方刻有两个天人，右边天人手持一代表太阳的圆形物，太阳内有一只三条腿、形似乌鸦的三足神鸟。左边天人手持一代表月亮的圆形物，内画蟾蜍。拱额内刻帷幔，内刻交足弥勒。弥勒光脚踏着地神。地神两侧有昂首张口翘尾蹲坐的狮子，帷幔两边刻有光头僧人等礼佛图。礼佛图两边刻有铭文，左边刻有“邑老田迈”“比丘僧惠广”，右边刻有“兴像主马叔洛”“佛殿主吴李生”等造佛像的人名。下半部刻有信仰佛教并出资出力雕造佛像的供养人六行。

两侧面刻有手持刀、矛、戟、伞、扇、莲花等物的佛像，还刻有青龙和“威远将军辽城县太守吴头”等铭文。

田迈造像碑形制高大，造像众多，内容丰富，特别是上面雕刻的太阳、月亮和鸱尾鸟在全国的同时代造像和石窟中也很罕见。

田迈造像碑是北魏石刻造像中的精品，具有很高的历史和艺术研究价值。石佛村因田迈造像碑而得名。

田迈造像碑现为全国重点文物保护单位，已被载入《中国画像石全集》。

• 东魏佛雕——前嘴村石窟 •

前嘴村石窟，又称千佛洞，位于淇县县城西北20公里的黄洞乡前嘴村东。这里冈峦起伏，岩石纵横，泉水潺潺，环境幽静。此窟因距前嘴村近而得名。

洞窟门面向南，门高1.11米，宽0.86米，门楣上部两侧凿有洞眼，原可能装有前檐，今已不存。门两侧雕二力士，怒目束帻，赤膊饰帛，腰系战裙，赤足而立，肌隆筋暴，相貌威武。窟内平面近方形，盝顶，面阔1.87米，进深1.83米，高2.1米。洞后壁凿龛，龛内雕一佛二弟子、二菩萨。释迦牟尼盘腿坐于中间，头顶有挽拢起头发的发髻，长颈，肩宽而圆，身着通肩大衣，右手前伸，左手下垂屈指。身后有圆项光，周围饰莲花。左右二弟子是迦叶和阿难。二菩萨是文殊和普贤，已残。后壁上方和左右壁遍刻小佛龛，每龛均雕有一佛，共1 043尊，龛内刻有施主姓名。洞顶中央雕有八瓣莲花图案，四隅各刻四组飞天，每组三个，皆戴花冠，肩饰帔帛，腰系长裙，双手拱于胸前或奉供果礼佛，形体窈窕，衣帛飘洒，刀法流畅，是该窟经典之作。

东魏在历史上仅存十几年，其石窟为东魏兴和二年（540）前后造，在全国也不多见。该石窟对研究东魏佛教活动史和石刻艺术具有重要的价值。1986年前嘴村石窟被公布为省级文物保护单位。

前嘴村石窟

• 石佛洞天——青岩绝石窟 •

青岩绝石窟位于淇滨区上峪乡青岩绝上。石窟背靠悬崖峭壁，面临淇水碧波，山水相映，景色宜人。窟门向东，窟内平面近方形，穹隆顶，面宽3.15米，进深3.8米，高2.77米。南北两侧及内壁下部凿有高27厘米、宽37厘米的石台（神坛）。后壁中部雕刻释迦牟尼说法像。佛像后面雕刻圆项光及椭圆形纹焰背光。四壁雕有很多横向排列的小佛龛，龛高14厘米，宽10厘米。每龛佛像姿态相同，盘腿坐在莲花座上，双手下垂，掌心向上，做禅定印。除少部分残损外，大多完好。这些小龛比例适中，雕刻精细，涂有蓝朱、石绿等色彩，使窟内显得鲜艳夺目。佛龛镌有楷书施主题名，主要有“常村韩郎妻李氏二尊”“北吴里高览胜”等。

释迦牟尼说法像前边有一石供案，高0.98米，长1.33米，宽0.69米，石案外面阴线刻有麒麟、狮子、天马、龙及云纹等，案侧刻有明代“弘治七年”的题款。石窟北侧50米处的岩壁上镌刻有“通利军青石匠李亮全绍圣元年”13个字。其下立有一通清嘉庆四年（1799）《重修千佛洞碑记》石碑。

该石窟凿于宋哲宗绍圣元年（1094），洞壁上镌刻了许许多多小佛像，俗称千佛洞，对研究宋代的石窟艺术具有很高的学术价值。

1986年，青岩绝石窟被公布为省级文物保护单位。

• 地质奇观——白龙庙冰臼 •

冰臼是冰川的直接产物，两三百万年前，在巨厚冰层覆盖处于封闭和半封闭状态下，冰川融水沿着冰川裂隙向下流动时，由于冰层内有巨大压力，呈“圆柱体水钻”方式向下覆基岩及冰川漂砾进行强烈冲击、游动和研磨，最终形成深坑，这些坑极像南方舂米的石臼，因此称为冰臼。

淇滨区淇河白龙庙段的冰臼是经地质部门考察鉴定的我国中部地区发现的唯

白龙庙冰臼

一冰臼群，是具有重大科研价值的地质遗迹。

在淇河白龙庙村段，河床中发现大片多种形状的岩石洞穴，有圆形、近圆形、椭圆形、花瓣形，大小不一，深浅有异。有的洞中连洞，造型奇特。当地百姓称之为“憋鳖井”，其口小肚大，老鳖（鼋鱼）进去之后不容易出来，村民可用大桶捞老鳖，故名之。在民间的传说当中，因为这里是白龙王的沐浴之地，当地人便认为是白龙王游戏时留下的印记。通过对我国目前已发现的大量冰臼群的特征进行对比，结合淇河的地质资料的分析，可以断定这些圆形、近圆形的石臼就是距今二三百万年前由第四纪冰川形成的冰臼。

我国已发现的冰臼群全部位于花岗岩或其他火山岩中，只有鹤壁白龙庙河段冰臼群发育在下奥陶统白云岩中，且规模大，类型全，保存良好，在古气候、古地质演化史上具有全球和区域对比意义，具有极高的科学研究价值和旅游价值。

• 元代浮屠——玄天洞石塔 •

玄天洞石塔，位于鹤壁市大河涧乡弓家庄村西。这里群山环抱，淇河横穿，风景优美。相传这里曾是一座寺院，名曰“双塔寺”，现寺已无存。石塔西北30米是玄天洞，系天然岩洞，洞西南30米处还有座密檐式砖塔，与石塔东西相望。

从塔壁题记得知，石塔系明代正德七年至九年（1512—1514）建造，名叫“玲珑宝塔”，因石塔紧靠玄天洞，故又称之为玄天洞石塔。又因其西5里还有一座石塔，所以当地群众又称这两座塔为“姑嫂塔”，西为“姑塔”，东为“嫂塔”。

石塔为九层重檐四角形阁楼式建筑。塔身自下而上逐层收敛，高约12米。石塔下面有须弥座，高0.98米，上枋饰缠枝牡丹，上枭为仰莲环饰。东西两面转角处各有一浮雕力士像，均赤脚袒腹，下蹲按膝，背部托塔。两力士之间，并排嵌三块青石，每块都浮雕一条姿态各异的云龙，四面共计12条。下枭为仰莲环饰，下枋饰缠枝牡丹。

塔身一层宽3.14米，高2.21米。塔心室正面为长方形，门向西，门高1.27米，宽0.69米。卷云形门楣上有两枚方形门簪，上刻“圣境”二字。另外还有两行字，上行为“天地盖载日月照临皇帝万岁太子千秋”，下行为“九重无影灵山宝塔千佛聚会诸神来朝”。塔心室门壁深0.96米，室内地面东西长1.26米，南北长1.22米。门两侧各浮雕一尊身穿甲胄的护法武士像，左侧武士双手持鞭，右侧武士双手按剑，两武士均肩搭披带。门两侧与滚龙角柱之间各嵌一块刻石，题记“正德九年岁在甲戌四月甲午朔初八日辛丑住持举意发心建塔禅僧永深立碑主部郭男□”。

塔一层四壁转角处有一根滚龙角柱，北、东、南三面每壁角柱间，各嵌石柱两根。在石柱和角柱间又分别砌三块石碑，碑及平面枋有阴线刻图案和佛名，有“南无释迦牟尼佛”“金刚不坏佛”“宝光佛”及建塔时施舍人姓氏、地址等。每壁还有四组柱头铺作，每层檐外都刻有兽面瓦当。塔二层至塔顶均砌有横向排列的壁龛。全塔共有龛140余个。龛内造像和塔刹均已无存。1997年，在盖塔地宫内发现造像两尊，分别为迦叶和阿难。

玄天洞石塔，造型别致，雕工精细，具有一定的艺术价值。同时塔壁多处题记，是研究明代历史的珍贵资料。

玄天洞石塔1984年被公布为市级文物保护单位，1987年被公布为河南省文物保护单位。

• 元朝佛寺——静居寺 •

静居寺位于鹤山区姬家山乡施家沟村北1.5公里处。这里是巍巍太行向东延伸的余脉，山，是这里最大的特色。山连山，山绕山，山势绵延起伏，纵横交错，将这里分割成一个个相对封闭的单元——山谷或山坳。为避开喧闹尘世的诱惑，以修行、度人和弘法为己任的佛门弟子，选择这几乎与外世隔绝的深山区，建造了静居寺。

静居寺，又名苇泉寺，始建于元朝，以后历代曾多次重修，明代始称静居寺，是彰德府天宁寺的下院。现寺院主体多为清代建筑，总面积为1 500平方米，依山而建，坐北朝南，山上草木葱郁，山下有美丽清澈的苇泉河绕山流过，河中芦苇青青。与周围苍凉雄壮的群山相映衬，静居寺显得清秀且不失沉稳与淡定。寺院建筑虽屡毁屡建，但元、明、清三代石碑，特别是清代历次重修的石刻碑记至今仍保存完好。这些保留至今的石碑，默默地向世人讲述着其曾经的兴旺与劫难。

静居寺现存建筑分为东西两部分，东部有山门立于山腰。山门之内有大雄宝殿、毗卢阁、地藏殿、普贤殿和文殊殿等

静居寺

建筑，按佛教义理有序排列。其中，大雄宝殿是静居寺的主体建筑，建于清康熙十二年（1673），砖木结构，清式斗拱，七架梁，硬山顶式，五脊六兽，灰瓦件，质朴而森严。毗卢殿和地藏殿、普贤殿、文殊殿等因年久失修，现已部分倒塌。寺院西部有房十余间，为僧侣日常生活区，其中观音殿等，香火依然旺盛。

静居寺另存始建于明弘治十四年（1501）的后佛殿遗址，遗址上佛殿墙基与香炉尚在。另有两对高大的六棱石柱，为明嘉靖四年（1525）所立，上刻楹联云："圣教东流金身梦於汉帝，佛生西域祥光现於周朝。"这副楹联反映了佛教早期在中国流传及本土化的过程，说的是东汉明帝刘庄有一次梦见有个金人飘落殿上，全身上下金光闪耀。醒来问大臣，方知此金人是西方圣人，是西方至高无上的神，被称为佛，认为此梦大吉。于是派使者赴天竺求得经书及高僧，并按照西域寺院的设置，在洛阳城西雍门外御道之南修建白马寺，连同取回的经书，一并安置在那里。这副楹联雕刻于石柱，意在告诉世人，佛教寺庙是中国皇帝请来的，它能够为臣民带来吉祥，请众生善待。背后的意图是自神其教，宣教弘教。

静居寺地处深山，坐落山顶，三面靠山，一面临水，环境清雅幽静，有僧人常年驻留，主持法事，替乡民禳灾祈福。寺院对岸山峰有闭关洞、幽冥钟楼遥遥相对。闭关洞深黑幽暗，远离喧嚣尘世，是僧人闭关修行和做佛事的主要场所。寺与洞之间原有一铁索相连，铁索长约200米，是寺院沙弥为闭关高僧送水、送饭及衣物等生活用品的唯一通道。

千百年来，静居寺晨钟暮鼓，佛事道场不断，安抚着四面八方、穷乡僻壤间一颗颗惶恐不安的灵魂。而闭关洞旁，幽冥楼使人恍惚置身于人间、幽冥两界。缓慢而沉重的钟声，浑厚悠扬，在浩瀚的荒山幽谷里震荡不歇。

鸟类天堂——鹤鸣湖

鹤鸣湖位于山城区石林镇，属汤河中段，在周边地区名气很大。其前身是汤河水库，建于1958年，有近万亩水面。前些年因汤河上游受工业废水污染，使其变成了污水湖。近年政府投入巨资，对汤河进行全面整治，使鹤鸣湖的水质大为改观。清澄的湖水，草木丰茂的湖中岛，引来了白天鹅、白鹭、苍鹭等数十种鸟类。湖上如今又增碧湖旭日、秋岛拾金、翠岗晚霞、木屋观鸟、画舫凌波等多处景观。鹤鸣湖，不但成了鸟类的家乡，而且成为旅游休闲的胜地，每逢节假日，如织的游人前来一览湖中秀色，且时有画家、摄影家慕名而至，在此写生、摄影，将湖中风光作为素材，创作出优秀的作品。由此可见鹤鸣湖水光山色之魅力。

• 白蛇传说——金山嘉祐禅寺 •

金山嘉祐禅寺，俗称金山寺，位于河南省鹤壁市淇滨区庞村镇，距鹤壁市中心5公里，是以佛教文化为特色的历史文化类人文风景旅游区。2004年成立金山寺景区管理处，正式对其进行开发和建设。因春秋战国时期著名的思想家、政治家、教育家、墨家创始人墨子在此地居住多年，当地又有人称金山为“墨山”。

金山寺创建于北宋嘉祐年间，是一座佛教文化浓重的千年古刹。据史书记载，金山寺兴盛时期，高僧云集，僧人数百，庙产千顷，香烟缭绕五百里，寺内至今仍

金山嘉祐禅寺

完好保存着大雄宝殿、独具特色的卧佛殿及其他建筑群。金山名胜游览区植物繁盛，冬季瑞雪覆盖，怡静宜人，春季万物复苏，绿叶滴翠。金山寺晨钟暮鼓，化人心灵。流传千年的白蛇传传说就诞生于鹤壁金山，雷峰塔遗址、金山寺、淇河、许家沟村和青岩绝白蛇洞构成了传说所需的相关要素。景区内有三步两眼井亭，两井虽相距咫尺，却一眼苦涩，一眼甘甜。西山观景亭被誉为“鹤壁第一亭”。

大美鹤壁——鹤壁市旅游节会

春游鹤壁——淇河踏青、赏樱花周

淇河，是一条诗河、史河、生态河。今日之淇河依然保持着李白诗歌描绘的“淇水流碧玉”的清澈透明，显现出“百里淇河，万米画卷”的生态美景。沿淇河有烟波浩渺的千鹤湖、碧水涓涓的七里沟、白浪拍岸的白龙庙、壮美神奇的天然太极图、云蒸霞蔚的许沟温泉、神秘浪漫的金山、景如画廊的淇河湿地公园等景点。2015年被国家旅游局、环保部评为“国家生态旅游示范区”。

鹤壁市华夏南路，樱花树种植数量之多、规模之大，令人叹为观止。樱花盛开时，花团锦簇，姹紫嫣红，满眼皆是花的海洋。每逢阳春三月，鹤壁及周边城市的游客纷至沓来，尽情欣赏烂漫的樱花，咏樱、绘樱、摄樱、赞樱，成为一道靓丽的风景。

活动时间：每年3、4月。

夏游鹤壁——古灵山泼水节

古灵山泼水节，是夏游鹤壁的热点。人们怀着美好的愿望和喜悦的心情，到古灵山参加泼水节。借古灵山的圣水灵气，消灾祛难，祈寄安康，共洒祝愿。古灵山的泼水节，除保持有傣族人民的那份温柔外，更增添了几份汉人的狂欢与壮趣。那种泼水的潇洒与热烈、激情与陶醉，不仅使人忘记了盛夏酷暑的烦躁，更让人童心复萌，激发出对孩提时代的美好回忆。品味女娲文化，游览山水风光，一睹异域风情，尽享泼水狂欢！

活动时间：每年7、8月。

秋游鹤壁——云梦草原风情文化节

云梦大草原又称“空中草原”，位于云梦山主景区东侧山顶，面积近10平方公里。这里春夏蜂飞蝶舞，芳草如茵；秋冬骏马秋风，蓝天白云，一派大漠风光。有太阳洞、月亮洞、天坛、鬼谷石屋、剑绣峰、孙庞对弈等众多景点。生活于都市的人乍一到此，恍若进入塞外漠北，顿感天高地阔。茫茫大草原使人心旷神怡，喜不自禁。风情文化节期间，您可以在这里骑骏马、射弓箭、游十里草原；穿特色服饰、住蒙古包、喝酥油奶茶，尽情欣赏云梦草原风光，体验“十里画廊云中行，万顷绒草梦里来”的塞外风情。

活动时间：每年10、11月。

民俗文化旅游月

依山而兴的“浚县正月古庙会”从每年的农历正月初一到二月二，时间长，规模大，影响广，吸引着周边晋、冀、鲁、鄂、皖等省的500多万游客慕名前来，高峰期日人流量达50多万，被誉为“中国老百姓的狂欢节”。丰富多彩的社火表演、独具魅力的风味小吃、琳琅满目的民间工艺品更是庙会的亮点。2004年4月，浚县正月古庙会被国家财政部、文化部公布为中国民族民间文化保护工程项目之一。2014年11月，浚县正月古庙会入选第四批国家级非物质文化遗产代表性项目名录。新春正

古灵山泼水节

民俗文化旅游月

月逛庙会、赏民俗成了民俗节的主题，形成一道靓丽的中原春节文化景观。

活动时间：每年农历正月。

名品荟萃

——淇水盛产的特色珍品

近郡无飞檄，清时不借筹。淇园春竹美，军宴日椎牛。

——[北宋]司马光《送龚章判官之卫州》

鹤壁属于淇水卫地，古代盛产竹子，我们今天所能看到的淇竹文化是华夏竹文化的重要组成部分。由于历史原因，淇竹早已没有当年的繁盛，但鹤壁所产的其他珍品却一直流传到了今天，在国内外享有盛誉。

鹤壁地形多样，山区丘谷相间，河流交错，平原土地肥沃，物华天宝，所以产有被誉为“淇河三珍”的淇河鲫鱼、缠丝鸭蛋和冬凌草，所以才有九河黄酒、吴二锅花生米和黄河古陶等众多的本地特色物产。这些特色珍品既是淇水无私的馈赠，又是淇河儿女勤劳智慧的劳动成果，满载历史的厚重，不断续写着鹤壁新的发展篇章。

• 名鲫之首——淇河鲫鱼 •

淇河源于山西陵川，流经鹤壁市区，于浚县入卫河，是目前河南省境内唯一一条尚未受到污染的河流。河水清澈，味甜质醇。淇河里特产一种鱼，这种鱼体形奇特，味道鲜美，营养丰富，乃鲫中上品、“国之瑰宝”，因产于淇河，故又称淇河鲫鱼。

淇河鲫鱼产于淇河中下游，这里三面环山，一面临水，青山隐隐，绿水迢迢。淇河鲫鱼与普通淡水鲫鱼不同。普通鲫鱼一般鳞色灰黑，淇河鲫鱼色则略呈金黄，和鲤鱼相似；一般鲫鱼较扁平，体型清瘦，淇河鲫鱼则脊背宽厚，体型丰满；一般鲫鱼为两倍体鱼类，淇河鲫鱼则为罕见的天然三倍体鱼类；一般鲫鱼生长速度慢，而淇河鲫鱼则生长速度快，为一般鲫鱼的2.5倍，脊背厚度为一般鲫鱼的两倍，因而被称为双背鲫鱼。淇河鲫鱼不仅脊背宽厚，而且个大体壮。一般鲫鱼个小体轻，重不过一斤左右，而淇河鲫鱼大的高达5斤，是鲫鱼中一个绝无仅有的品种。淇河鲫鱼“十鱼九母”，雌性为数众多。雄性地位显赫，为典型的“一夫多妻”家族。这一点，在众多的鱼类家族中极其罕见。

淇河鲫鱼

淇河鲫鱼最为显著的特点是肉味鲜美，营养价值高且全面。其出肉率为一般鲫鱼的1.2倍，蛋白质含量高达19.6%，比黄河鲤鱼高6%，氨基酸成分高而全，脂肪含量低而恰到好处。黄河鲤鱼脂肪含量为2.6%～4.75%，而淇河鲫鱼仅为1.74%～1.85%。由此可见，淇河鲫鱼是珍奇的高蛋白、低脂肪、肉质细嫩、味美质佳的鱼种。

淇河鲫鱼何以背厚、味美？其形成与淇河中段大量地下温泉水注入有关。这里地下温泉水储量丰富，泉水甘洌，锶含量0.26毫克／升，水草丰盛。水生昆虫较多，浮游生物丰富，含有多种稀有元素。

央视网

淇河鲫鱼养殖技术

淇河鲫鱼因其味道鲜美、营养奇特而走俏市场。为了保护并开发这一奇特的珍贵鱼种，河南省人民政府根据《中华人民共和国野生动物保护法》规定，已正式行文将其列入《河南省重点保护野生动物名录》第一名予以公布。

淇河鲫鱼是不可多得的珍奇水生动物，作为淇河的特产名鱼历史悠久，古已有之。我国最早的诗歌总集《诗经》中就有“瞿瞿竹竿，以钓于淇”的记载，另外在历朝历代的文学作品中也不乏对它的赞誉之词。从食用方面计，淇河鲫鱼骨刺细少，肉肥厚，质细嫩，腥气小，味鲜美，鳃不苦，出肉率和蛋白质含量也都很高，适宜于清蒸和炖煮。特别是炖制好的鱼汤呈乳白色并有黏性，久置不易变质，具有很高的营养价值。《本草纲目》和《中药大辞典》都对它在营养保健方面给予了高度评价。明代还专门把淇河鲫鱼列为宫廷贡品供奉皇室。

金丝缠绕——缠丝鸭蛋

缠丝鸭蛋只产于淇河中游的许沟、王滩村一带不到2.5公里的温泉内。温泉涌水量每秒15立方米，水温常年在19摄氏度左右，泉中含有多种微量元素，再加上这段河床水面宽广，水流缓慢，水草茂盛，有大量浮游生物，是鱼虾和各种微生物的集中产卵地。鸭子生活在这种得天独厚的环境里，获得的营养特别丰富，因此，这里生产的缠丝鸭蛋格外珍贵，1914年曾参加在美国旧金山举办的万国商品博览会。从外形上看，缠丝鸭蛋和普通鸭蛋相同无异，打开后放入碗内，其蛋核很像裹一层素绢的红太阳，晶亮透红，格外好看。将其油炒后为深黄色，嚼着像瘦肉，味道鲜美，没有腥味，若把用盐腌制后的缠丝鸭蛋煮熟后，其蛋黄呈红色或深橘红色，内有一圈圈不同的色环，即一圈红色一圈黄色，其每层厚度2毫米，层与层之间有油质相隔，一直绕到核心。制成变蛋后，竖着切开放入盘中，就如初绽的莲花在翡翠玉石中托

淇水河畔鸟类天堂

缠丝鸭蛋

出，一圈一瓣，一环一色，红黄相间，晶莹透亮，异常美观，故称为缠丝鸭蛋，有“金丝伴银线，精品缠丝蛋”之美誉。特别是盐腌制后煮熟的缠丝鸭蛋，吃着带肉味，味道极美。淇河缠丝鸭蛋营养丰富，据化验，与普通鸭蛋相比，其蛋白质含量高，脂肪含量低，钙含量高，磷含量低。这种高蛋白低脂肪、高钙低磷的食品，正符合人的营养要求，对高血压、动脉硬化、软骨病、佝偻病、孕期缺钙等患者是一种理想的补品。

上等药茶——冬凌草

冬凌草产于鹤壁市淇河两岸的山区地带，又名冰凌花，以冬季茎近地面处结冰而得名，别名叫破血草，或六月令，学名碎米桠，为唇形科植物，全草入药。冬凌草含有5种冬凌草素、17种氨基酸、24种微量元素和抗癌有效成分——延命素。冬凌草对人体具有抗菌消炎、清热解毒、舒肝健脾之功效。经国内医药专家鉴定，淇河冬凌草含冬凌草甲素、乙素居全国同类草之首。河南省肿瘤研究所认为，冬凌草甲素和乙素对长期培养的食管癌109细胞和离体食管癌组织具有明显的杀伤作用，与5-脲嘧啶的杀伤作用大致相同。

冬凌草

软核蜜枣——无核枣

淇县三大贡品之一的无核枣，仅产于鹤壁市淇县山丘地区。历史悠久，历属贡品。果实圆锥形，色泽鲜红，形似玉坠，长2.5～3厘米，单果重5克左右，果皮呈红褐色，果肉黄白色，厚实而细腻。《本草纲目》称之曰：“干瓤大枣，脆润核细，味亦甘美，性温，八月曝晒，味最良美，故宜入药。”其补脾健胃有显著功效。淇县无核枣是按照有机庄园生产标准进行种植、加工、包装，整个过程纯天然、无污染，是公认的枣类珍品。经农业部果品及苗木质量监督检验测试中心化验检测，淇县无核枣含可溶性总糖66.38%，维生素C含量每100克达14毫克，还有其他多种人体必需的有益成分，被称为“天然维生素”。由于无核枣成活率极低，因此产量很少。

此枣为何无核？说起来还有一段传奇故事。相传殷纣王大兴土木，历七年之久，建成了富丽堂皇的鹿台。殷纣王对此十分满意，就在鹿台大宴群臣，开怀畅饮。酒过三巡，菜过五味，宫女们每桌端上一盘大红枣，让大臣们品尝。大臣们不住地啧啧称赞：好枣！好枣！唯殷纣王未吱声。大臣们霎时把目光投向殷纣王。此时，宴席上鸦雀无声，只听纣王轻启龙口说：“此枣好是好，就是有核，要是无核就更好了。”从那以后，鹿台一带的枣就真的变得无核（实为软核）了。这个故事虽然有点离奇，却可说明无核枣的珍贵。

滋补佳酿——九河黄酒

九河黄酒独产于鹤壁市山城区大胡村，是养生型黄酒的鼻祖。属于酿造酒，酒精一般为15度左右。以粮食为原料，在煮酒或贮藏过程中，酒中的糖分与氨基酸形成美拉德反应，而产生独特的黄色，存黍米自然之香气，酒呈琥珀晶莹之黄色，味酸甜适度，余味浓郁，陈酿更加醇香。造酒之法采用世代相传的古老工艺。流程严格，以春、夏、秋、冬四季气候变化，顺其自然，巧妙安排。所用之水是大胡村得天独厚的地下天然矿泉水，所用原料是精选的黍米、小麦等。该酒以其保健作用蜚声一方，正如世界中医学会的专家所说：“九河黄酒之所以有保健作用，就在于它采用四季日月星辰之精华，取天地霜露之灵气，藏《易经》和古医学之玄机……”

鹤壁九河黄酒已有500年的历史。据王氏家谱记载，该酒的酿造技艺是明洪武年间从山西移民时带来的。鹤壁大胡村王氏

九河黄酒

家谱记载：先祖王九河家有良田万亩，五谷丰登，用黍米造酒，酒铺百余，后被誉为“九河黄酒”。九河黄酒延续了古老的传统生产工艺，严格按照春、夏、秋、冬四季气候变化，顺应自然，精酿而成。黄酒含有18种氨基酸，其中8种是人体不能合成而又必需的，不但营养丰富，而且具有活血化瘀、舒筋通络、消积导食、暖脾健胃和消肿止疼之功能。2001年，久负盛名的九河黄酒被列为鹤壁市重点开发的旅游商品之一。2008年被命名为首批河南“老字号”。

• 无筋汤浑——小河白菜 •

小河白菜因产于浚县小河乡而得名，以崔堡产的最佳。小河白菜色泽洁白，裹心严实，绵软适口，味道醇正，烩炖汤浑，荤素皆宜，与其他白菜不同，独具特色。在鹤壁浚县民间有这样一句顺口溜：“大碾萝卜香菜葱，小河白菜进北京。”

据史料记载，明代时浚县人王越（字世昌），出将入相，文武全才，历经景泰、天顺、成化、弘治四朝，官至兵部尚书兼左都御史，加少保兼太子太傅。王越“内行交际，实也卓绝，磊磊落落，家无余财”，在和王公大臣们交往中，无以馈赠，便将家乡特产小河白菜作为礼物，让同僚们品尝。小河白菜口感好、汤浑、纤维细，营养丰富，绝没有普通白菜或塞牙或丝丝缕缕那种感觉，让吃过它的人难以忘怀，一时间小河白菜风靡京城。而且王越“睦族敦旧，振穷恤贫，如恐不及”，对家道贫穷者，也以白菜、萝卜接济。朝野上下，宫廷内外，对小河白菜的赞誉众口一词。上至王侯将相，下到平头百姓，无不以能吃上小河白菜为荣光。有次御宴摆出了10余种白菜食品，皇帝品尝后，龙颜大悦，问明白菜产地后，便派御膳房大总管专赴浚县小河进行实地考察，然后下旨钦定小河白菜为贡品，每年通过卫河漕运至天津卫，再送往北京城，这才有了“小河白菜进北京”的历代传唱。

• 味赛白梨——大碾萝卜 •

大碾萝卜产于鹤壁浚县小河乡大碾村，故名。特点是个头大而长（最重的达6

公斤），色青皮薄，质细汁多，酥如梨，味道爽口，生吃熟食俱佳，向有“大碾萝卜赛白梨”美称。据传，明代时，大碾萝卜也曾作为贡品。

• 筋道不碎——王桥豆腐 •

王桥村位于浚县城西北1公里处，该村素有“豆腐故乡”之称，可考历史近300年。王桥豆腐加工考究，制作精细，质白细嫩，味道醇正，软硬适度，炖煮不烂，煎炒不碎，油炸后松软。豆腐皮是由豆腐制成前漂在锅面上的豆油汁，通过对火候的控制，凝固后产生的。

豆腐皮薄而筋道，为凉拌佳品。王桥豆腐用料讲究，制作精细，多为手工操作。加工过程分选料、浸泡、粉碎、滤渣、煮浆、点卤和压制七道工序。每斤黄豆出豆腐2.5斤，做成后色泽鲜嫩、洁白细腻、软硬适中，宜储运，不易变质，棱角分明，油炸后酥软焦黄，是素食中的上等佳品。

• 石子烘焙——子馍 •

子馍

浚县子馍具有完整的制作技艺和工艺流程，严谨有序，层次分明。从精选材料开始，历经和面、前期加工、掐块打片、包馍、文火定型、灌蛋汁、摆铺石子和武火炙烤九道工序，个个黄焦酥脆，外焦里嫩，香气宜人。其制作技艺根据四季气温严格掌控和面水温、剁肉杀葱的分寸、馍熟八成的手感、切口灌汁的技巧、硬木柴和石子的选用，无不体现出精到、细腻、科学、严谨的商品理念。

• 香焦酥脆——吴二锅花生米 •

鹤壁浚县特产吴二锅花生米，产于黎阳镇寺下头村，系吴好田三代祖传。吴记花生米选用本地大花生及名贵中药，采用传统工艺加工而成。特点是均匀洁净，色鲜味美，香焦酥脆。传统生产工艺是先将花生米用八大料和水浸泡腌制，然后捞出晾干，在大铁锅中加入黄河故道的细沙，与花生米同加热翻炒，火候要适中，翻搅按同一个方向，直到花生米在热沙中如漂浮，里熟皮不脱，冷凉后食用。

• 河泥神韵——黄河古陶 •

鹤壁市地处中原，曾为赵都，古黄河穿境而过，文化积淀深厚，历史上鹤壁境内陶窑众多，考古发掘的大赉店陶窑遗址属典型的仰韶文化，是具有独特地方色彩的远古艺术遗产。

浚县陶器历史悠久，源远流长。这里曾出土过大量6 000多年前的精湛的古代陶器，现在还保存有完整的制陶作坊。制陶业作为一种行业盛行了近3 000年，秦汉后期，由于瓷器的出现，制陶业逐渐衰落。黄河古陶技术自汉代后期失传，形成了历史上的空白和断代。

近十几年来，鹤壁市的制陶艺人，在中央美院、中国古陶博物馆的大力支持下，在众多历史学家、考古学家、文物收藏家的直接参与下，经过精心的挖掘研究和几千次实验，终于研制出了古色古香的黄河古陶。今天我们所看到的黄河古陶在全面继承传统的手工工艺技法的基础上，大胆使用了浮雕、高浮雕、镂空等新技法，在色泽上突破了传统的灰、红、黑三色，运用高科技技术焙烧出了橘黄、石青、仿青铜、石碣等颜色，使这种失传和断代近2 000年的古老艺术又有了新的生命。

黄金有价陶无价。黄河陶艺是珍贵的文化遗产，是民族文化的精华，它有过辉煌的历史，也有断代的悲哀，但经过制陶艺人灵巧的双手，它再现神奇，最终成为河南的文化名片。

黄河古陶

『非遗』概览

——淇水营造的古老记忆

春草黄复绿，客心伤此时。青苔已结洧，碧水复盈淇。

——[南朝]沈约《春咏诗》

淇水是《诗经》中描写的青年男女谈情说爱的场所，淇水卫地自古多出刚烈善良而多情的美女，不能约见热恋的情人，所以“客心伤此时”。淇水多情，人们常用诗歌表达情感。然而，千百年来，淇河儿女还用其他方式表达感情，因此留下了无数极具百姓智慧和地方特色的精神文化遗产，成为我们宝贵的精神财富。

近年来，随着国家对非物质文化遗产保护力度的不断加大和保护体系的不断完善，鹤壁市的浚县正月古庙会、浚县泥塑、浚县民间社火、黄河古陶、白蛇闹许仙的传说、西路大平调、落腔、金龟舞和耿寺高跷抬阁等多项非物质文化遗产被收入国家级、省级、市级非物质文化遗产名录。还有王学峰、柴秀建、宋学海和苏万清等杰出人才被确定为国家级、省级非物质文化遗产传承人，对非物质文化遗产的传承和发展起到了巨大的促进作用。

鹤壁的非物质文化遗产灿若群星，光辉夺目。其中，国家级项目4个，省级项目19个，市级项目56个。

鹤壁市“非遗”项目名单

国家级项目4个：浚县泥咕咕、浚县民间社火、浚县大平调和浚县正月古庙会。

省级项目19个：白蛇闹许仙传说、鬼谷子传说、落腔、四股弦（五调腔）、金龟舞、善堂老秧歌、黄河古陶、浚县石雕、泥玩民居、浚县万福虎、大胡九河黄酒酿造技艺、浚县木旋玩具制作技艺、鹤壁窑古瓷烧制技艺、马氏懒渣、董氏中医痹症疗法、秦李庄周氏口腔咽喉科、快庄李氏中医正骨、黑陶烧制技艺和九流渡添仓会。

市级项目56个：朝歌与封神榜、孙思邈与五岩山、阿斗寨的传说、道教音乐、蛤蚌舞、高跷帷只、高跷皇杠与挑轿、莲花落、泥猴张的泥猴艺术、石林剪纸、郭氏银饰、李新寨铜制乐器、鹤壁地名的传说、斤称歌（鹤山区）、抬阁（鹤山区）、浚县落腔、蛋壳镶嵌画、吴氏花生米、孙氏面供、杨氏木杆衡器、蒋氏传统手工装裱修复、面人张面塑技艺、通背拳、云梦鬼谷一路拳、昆仑掌、王氏剪纸烫刻画、王氏子馍、浚县编织（棉编织、柳编织）、侯胡寨中医妇科、落腔（淇滨区）、周氏祖传喉症专科、子贡传说、帝辛传说、武术卖艺歌、胡垒村的传说、肥泉村的传说、唢呐艺术、旱船（施家沟旱船）、化妆坠子、形意拳、陈氏通背拳、根雕（浚县王氏根雕、淇县李氏根雕）、石头画、林氏修面技艺、饸饹（浚县吴庄饸饹）、银饰（浚县张氏银饰）、铁壶铸造技艺、“鹤壁集窑”陶瓷烧制技艺、东许庄张氏中医儿科、传统膏药（邢固村刘氏膏药）、花轿婚俗、斤秤歌（山城区）、抬阁（耿寺高跷抬阁）、黄河古陶（淇滨区）、四股弦（鹤山区）和太平兴国寺梵乐。

百姓狂欢节——浚县正月古庙会

浚县正月古庙会始于后赵时期大伾山石佛雕凿落成时，距今已有1 600多年的历史。庙会自正月初一始至二月初二终，历时月余，规模宏大，事项众多，参会信众有数百万之巨，士农工商结队到会，从而形成了具有鲜明区域性的以信仰活动为中心的综合性文化活动。庙会以浮丘山碧霞元君行宫为中心，延及两山十多处寺庙宫观和连接两山的多条街道。届时，庙内先后举行庙祭、官祭、共祭和社会祭，从晨至昏络绎不绝。庙祭是道教人士在碧霞元君大殿上所从事的祭祀活动，官祭是地方官府的祭祀活动，共祭为各地香会、圣会、社火等集体举行的祭祀仪式，社会祭为个人或几个人的祭祀仪式。尤其是正月初九大伾山玉皇生日和正月十五、十六，浚县及周边各县的上百家社火队相继登山朝顶，5万参演队伍排成长龙，依次进庙顶礼膜拜，声势之大，世所罕见。祭祀的各个群体各有愿景，形成了年复一年许愿还愿的人流。宏大的庙会带动了集市贸易、文化活动，各地商贩搭棚售货，江湖卖艺者上会助兴，数十种餐饮遍布，上百种手工艺品展销，鼓书、皮影各显其能，十几个剧种管弦鸣奏，古庙会成为人的海洋、歌的海洋、旗的海洋和舞的海洋。

从浚县正月古庙会的流变史看，深藏着多彩缤纷的华夏文化因子，承载着久长而又深厚的历史文化信息，延续着中华子孙的文化认同和民族精神，起到了与人民大众忧喜相关的不可替代的生活、精神和文化认知作用，是一份珍贵的农耕文明时期的活标本和资料库。

央视网

浚县庙会访古风

浚县正月古庙会

泥塑出神采——泥咕咕

泥咕咕是鹤壁浚县民间对泥塑小玩具的俗称，因为能用嘴吹出不同的声音，所以形象地称之为“咕咕”。这一手工技艺起源于古代祭祀和图腾崇拜，汉墓中出土的泥鸡已有泥咕咕的雏形。到了隋末，农民起义军与隋军争夺黎阳（当时浚县称黎阳）仓，瓦岗军首领李密手下有一员叫杨玘的大将在黎阳屯兵，人们将其驻扎的村叫杨玘屯。为纪念在战场上阵亡的将士和战马，军中一些心灵手巧的人就用当地的黄胶泥捏成泥人、泥马表示怀念之情。这一技艺就这样随着历史的发展延续了下来。现在，浚县泥塑的创作题材有了很大拓展，又出现了狮子、小鸟、十二生肖等。其特点继承并发展了古代雕塑的传统工艺，显得古朴、活泼、夸张而又豪放。

泥咕咕

浚县泥咕咕有一百多个品种，主要有以“三国”“水浒”和瓦岗军中人物为原型的造型，以及老虎、狮子、大象、燕子、斑鸠和孔雀等。古老朴素、逗人喜爱的泥咕咕寄托了劳动人民对生活的热爱和对未来的希望。

浚县泥咕咕设色的特点是以黑色为底色，然后在底色上用自制的毛笔点画出各种花样。彩绘是以黑色、棕色打底，再描绘上白土粉、大红、大绿、大蓝、大黄等条纹，大都用原彩色，很少用调和过的中间色。颜色以蛋清调制而成，能使色彩起明发亮，对比强烈。浚县泥咕咕造型古朴卓雅，加之民间大红大绿的着色，使作品美感顿生。其制作工具很简单，主要是塑型的竹筒和竹棍，制作者利用这些器具，经过和水、捶制等工序，将当地的黄胶泥塑成作品，然后蘸上松香（现改为墨汁）、洋颜色（现改为水粉颜料）、用自制的麻笔（现改为毛笔）在塑型坯上涂绘，多以黑色为底色，然后再以红、黄、蓝、绿等比较鲜艳

泥咕咕

浚县泥咕咕技艺传千年

的颜色绘出各种图案，与黑底形成强烈的对比。

浚县泥咕咕一般有四种制作形式：一是模具制作，有扁头狮、小燕子等；二是手工捏制，有小马、小猴、猪八戒等；三是模子和手捏相结合，有骑马人等；四是在泥玩具身上加钢丝、弹簧，有活头马、活头狮子等。艺人们用的泥料和工具都非常简单，就地取材，把村边的黄胶泥挖回家，加水和成泥巴，用木棍捶打几遍，使其变得柔软细腻，如面团一般。

浚县泥咕咕现在还是以小手工作坊生产为主。农闲时节，全家男女老少围坐在一起，边制作，边说笑，气氛热烈，和泥、造型各司其职，技艺娴熟，制作出来的泥咕咕晾干透后，再在自家的小土窑里进行烧制。一到那个时节，每家每户的窗台上、墙头上和灶台上，到处都摆满他们精心制作的泥咕咕。

浚县泥咕咕从过去的祭祀品，逐渐发展成为有着鲜明地域特色的民俗工艺品，具有很深的文化蕴涵。泥咕咕不管是从造型角度还是从彩绘程度来看，都能给人一种独特的带有鲜明地方特色的美感。

浚县泥咕咕历史久远，有着浓厚的民间特色，造型古朴，夸张别致，深受广大群众和专家学者的好评，被民俗学专家称为历史的活化石。

杨玘屯村泥玩传承千百年，到了近代，知名的老艺人有李金生、李永连、侯全德和王延良等。

浚县泥塑发展至今，已分化出各具特色的三大流派：以王蓝田为代表的泥咕咕派；以“泥猴张”张希和为代表的泥猴派；以宋学海、宋庆春为代表的泥玩派。

王派采用传统手法捏制的泥咕咕可发出“咕咕”的声音，其造型古朴、活泼，色彩斑斓。王派传人王学峰在继承父辈传统捏制的基础上，不断创新。

张派是以捏制泥猴而出名的，故名“泥猴张”，捏制的有杂技泥猴、顶缸泥猴、说唱猴、观月猴、舞蹈猴、抽烟猴和醉酒猴，等等，这些猴子造型奇特、虚构合理、变形得当、引人发笑。

以宋学海为代表的宋派捏制吹可发声的泥人、泥马和十二生肖等，被人称为“泥人宋”。

三大流派的作品在国际上产生了一定的影响。

民间表演秀——浚县民间社火

民间社火是浚县群众性传统娱乐活动的一种表现形式，其历史悠久，经历了上古虞舜至周朝时期的孕育，东晋后赵时期的萌芽，明清时的成熟，以及新中国成立至现在的兴衰更迭的曲折发展期。经过400多年的发展，浚县社火玩会在整个豫北地区占有重要地位，且独树一帜，是群众文化自娱自乐形式的大展示，是浚县的优秀民间艺术，是古老的宫廷、民间歌舞的遗存。对其进行发掘、抢救和保护，特别是踩跷秧歌、群狮舞，对丰富和完善宫廷、民间舞蹈的发展将产生一定的推动作用，对民间文化发展史、民俗文化库也是一种有力的补充。

鹤壁浚县民间社火队伍之多、分布之广、规模之大、影响之远，在中原地区独树一帜。全县近半数的村都有社火玩会，不仅形式多样，而且内容丰富，有着较高的文化品位和浓郁的民俗特色。浚县民间社火有着深厚的历史渊源和文化底蕴：最初是用来祭祀神灵，祈求风调雨顺、人寿年丰的朝拜活动，随着时间的推移，人们将戏剧中的人物、音乐、舞蹈融于社火表演，逐渐成为当地民众自娱自乐的民间文化活动。

浚县社火的传统形式主要有舞狮、高

浚县民间社火表演

跷、秧歌、旱船、竹马、龙灯、抬阁和背阁、抬老四、顶灯、大头舞、散河灯等。舞狮是传统项目之一，主要形式有狮子滚绣球、滚翻、扑食、抖鬃、梳毛、钻火圈、追逐、爬行和双狮争球等。浚县舞狮同别的地方不同的是，表演时狮子在前，后跟武术队。武术队俗称“刀枪把子”，真刀、真枪，真拼实打的童子功，显示出瓦岗军驻扎大伾山时在浚县民间带出的习武之风。高跷表演者（20～30人）边走边舞，扮演人物多取自民间故事或戏剧。其中，高跷表演高度不一，低的数寸，高的七八尺，有的甚至达到一丈五尺甚至一丈八尺。表演首先扭各种场图，然后表演“过仙桥”“跳桌子”“跳双凳”“大劈叉”等各种难度大的动作。最为精彩的是三人合踩四只跷、四人共绑五只跷的“连腿高跷”，表演难度极大。舞龙，又名“耍龙灯”“龙灯舞”。龙象征权力、尊贵和祥瑞。人们认为龙掌管降雨，舞龙可以保佑来年风调雨顺、五谷丰登。最热闹的是正月初九和十六的拜山，初九祭拜大伾山，十六祭拜浮丘山。祭拜那天，从早上四时开始，四邻八乡几十支社火队早早赶来，一一摆开了架势，各自拿出看家本领，你耍高跷，我扭秧歌，他练背阁。唢呐吹，锣鼓响，连空气都是热闹的。一时间，锣鼓喧天，人声鼎沸，震耳欲聋。据统计，每年正月十六出演的社火队多时达到70余家，参演人员达3万多人，观众数十万人，可谓人如海、歌如潮，一派欢乐祥和的景象。

浚县民间社火是中原地区优秀的民族民间文化，其浓厚的文化底蕴在整个民间文化中占有重要的位置。2008年6月入选国家级非物质文化遗产保护名录。

• 唱腔原生态——西路大平调 •

大平调亦称“大梆戏”，俗称“大油梆”。大平调剧种的形成历史悠久，早在500年前的明弘治年间就已有班社演出。大平调根据演唱风格不同又分为“西路平”和“东路平”。浚县是西路大平调的发祥地。西路大平调因被封建士大夫视为不登大雅之堂的俗物，其历史沿革极少见于笔端，以致形成数百年文献断代的缺憾。目前可考证的有文字记载的戏班，是清光绪十三年（1887）浚县城内南街端木子贡的

大平调《跪韩铺》

后裔端木光仁蓄养的西路大平调戏班，俗称端家班。

端家班领班主演是张润田（艺名真转三）和其儿子张泽厚（西路大平调著名演员张发旺的祖父）。之后，又有“头皂班”“二步班”“小梆戏班”等14个西路大平调班社先后成立，小唱班更是多达100多个。1949年11月，浚县西路大平调组建了自己的新兴专业团体——浚县大平调剧团。1960年，各地大平调剧团相继被精简下放，省文化局及时采取保护措施，正式界定了“西路平”和“东路平”，并保留了唯一代表西路大平调的浚县大平调剧团。

浚县西路大平调的传统剧目有400余部，锣鼓曲牌名目繁多，素有“锣鼓曲牌四百支，自家伴奏自家吟，唱腔板式八十种，百转回肠唱古今”之说。黑、红脸的传统表演风格粗犷豪放，身段酷似社火。特别是花脸的表演，如《胡奎下山》中的胡奎、《闯幽州》中的杨七郎，为突出表现人物性格，在冲锋陷阵时往往脱下上衣，赤膊光背，煞是惊人。传统的武打戏最能表现这一风格，戏中兵器有真刀真枪，酷似民间武术队对打，这些表演在《打登州》《战洛阳》等很多剧目中都做了完整的保留。另外，浚县大平调的音乐唱腔独树一帜，在传承原有优秀音乐唱腔的基础上进行了大胆的改革，新创了“稀饭二八”“摇板”等形式，形成了自己独特的风格。

从浚县西路大平调的发展史看，它不

仅完整地保留了清末以来的艺术风格，而且进行了大胆的创新，其保留至今的优秀剧目为戏曲界对民间非物质文化遗产的抢救和保护，提供了不可多得的原生态戏曲模式。

• 仙乐音悠扬——道教音乐 •

道教音乐以劝世人平和人心为目的，主要宣扬道为万物本体的教义，与神灵有关的部分大多以宣扬神灵严格执行天道为中心。浚县历史悠久，道教建筑和传说典故非常丰富，为道教音乐的发展提供了得天独厚的便利条件。

浚县道教音乐的特征是具有地方性，在行腔、旋律装饰等方面带有本地音乐特色，且兼收民族音乐、民间音乐、宫廷音乐和戏曲音乐之长，兼容并蓄，自成一家。演奏的乐曲以参拜神灵和为人殡葬为主要内容。道教音乐的形式有“声乐”和“器乐”两大部分。器乐演奏乐器主要有大铙、大镲、笙、管、笛、云锣、手鼓和手铃等，演奏时，乐队皆身披道袍，由一高功持手铃指挥。

声乐形式是浚县道教音乐的核心部分，以宣诫诅咒，通过对神灵的赞美表白愿望，感动众神，达到做法事的目的。声乐的体裁主要为“颂”“赞”“步虚”等，主要表现形式有独唱、齐唱、念白等，独唱一般由高功担任。器乐形式一般是在法事的开头、结尾及唱曲的过门等场面使用。总之，在法事中声乐和器乐的配合协调，灵活统一，为整个法事增色是基本内容。道教音乐庄严肃穆，委婉动听，欢快如行云流水，具有很强的感染力。

浚县道教音乐至今沿用的仍然是“工尺”谱，这在目前国内已经很少见，据专家考证，它含有大量的古代音乐成分，对研究我国古代音乐有着非常重要的学术价值。

• 曲调传幽默——莲花落 •

莲花落是一种从元朝末期到新中国成立后，流传在鹤壁浚县及其周边市县的民间口头文学形式。演唱者头戴瓜皮卷檐帽，身穿道士领中长袍，前胸后背印有斗大的“莲”字，此是白莲教的标志。他们以乞讨为生，赶集上会，走城串乡，唱词根据所见所闻信手拈来，合辙押韵，幽默滑稽，唱词大多是夸赞善家、客众及商家的，以达到被人施舍的目的。

莲花落的演唱乐器极其简单，演唱时手拿两块牛骨板，板穿铜铃，随唱拍击，表演者唱词风趣逗人，深受人们的欢迎。

• 雕刻民族魂——浚县石雕 •

纪实文学《风雪定陵》为我们描绘了一种奇石——花斑石。书中这样讲道：“花斑石是由多种颜色的鹅卵石经过地壳运动受到高温以后再生而成的，当时仅在河南的浚县能够采到……”据史料记载，明代永乐、嘉靖、万历和天启年间曾多次开采浚县花石。据《帝陵图说》记载，帝陵花斑石做工极细，“滑泽如新，微尘不能染”。可见花斑石是全国稀有而极其珍贵的石材资源。而花石的主要产地就在素有“石雕之乡”之称的鹤壁浚县屯子镇。

浚县屯子镇是豫北石雕石刻的发源地，历史悠久，起源于西汉，兴盛于唐、宋、明、清。北京故宫、开封龙亭、南京中山陵、人民大会堂、人民英雄纪念碑和中国历史博物馆等都有浚县屯子镇艺人的

浚县石雕——石狮

石雕石刻作品。大伾山、浮丘山也有众多栩栩如生的石雕佛像。

1927年，修建南京中山陵时，屯子镇郑厂村60多名石刻艺人到南京雕刻达一年之久，南京中山陵《建国大纲》也出自郑厂村石匠之手。1958年，郑厂村雕刻能手在北京东郊大理石场参加比赛，技艺非凡，表现突出，受到国家领导人的接见。

浚县石雕内容丰富、品种繁多，除传统的狮子、人物、碑、碣外，还有亭子、牌坊、壁画、雕塑等，主要以本地产的青石为原料，经过锯切，再用手工雕成各种动物、人物、花草图案及各种工艺品。大到几十吨重的石牌坊，小到十几厘米的小狮子，雕刻技法有线雕、浮雕、圆雕、阴刻、阳刻等十几种，其特点是大件作品雄浑朴拙，朴质自然，小件作品生动灵活，栩栩如生，代表了北方雕刻风格。浚县石雕以历史悠久、古朴大方、庄严厚重、雕工精细而受到专家学者的好评，有很高的研究价值、观赏价值和经济价值。

目前，屯子镇郑厂村有石雕石刻生产厂家40余家，现在从事这项工艺的民间艺人有职称者达300余人，其中国家级和省级雕刻师15人，市级雕刻师100余人，产品石狮、石牌坊等素以刀法精湛、风格古朴、造型优美而自成一派。由著名雕刻大师张学英雕刻的湖南省浏阳市的“十二生肖坊”工程获国家专利；中华四大名楼之首的鹳雀楼的石雕配套工程荣获全国鲁班奖。2005年，位于屯子镇郑厂村的石雕批发市场被河南省文化厅命名为“文化产业示范基地”。

• 工艺精绝伦——郭氏银饰 •

600多年前，一句浚县的顺口溜传遍了河北、山东和山西等地：“郭氏银饰纯，货全价又真。”这足以说明，郭氏银饰历史悠久、货真价实。

郭氏银饰源于明，兴于清，属于典型的民间手工技艺，产品全部为人工打造而成，主要有头饰、项饰、手饰、脚饰、衣饰和帽饰六个系列近百个品种。郭氏银饰行生产的银器做工精细，用料考究，制作工艺先进，所用模具多为根据加工需要独立制作，且工艺复杂，经过数十道工序才能制作出一款精美的银饰制品。郭氏银饰既有着浓郁的民间特色，又不失独特的个性特征，具有深厚的文化、艺术价值。其主要特点如下：一是带有明显的家族手工技艺传承的基本特征。二是采用纯手工打造技艺，堪称“中原一绝”。三是古朴典雅、美观大方，品种全、规格高，自成一脉而又兼容其他饰品之长。

• 乐器远近闻——李新寨铜器 •

世间但凡精致的东西必然有其独到之处。李新寨铜器起源于明代，盛于清乾隆年间，距今已有600多年的历史。据考证，百年前，全国只有湖北汉口、山西长治、山东济南、河南浚县李新寨生产铜响器，李新寨的大铙、大镲曾有“新寨铜器响，十里有颤音”的美誉。制作一件上好的李新寨铜器，需要选料考究，经过高温冶炼，然后浇铸成模，进行保温锻造，捶打成型，最后经过特别的热处理和低音技术等几十道工序才能变为成品。李新寨现成了豫北地区该铜器独家生产地。

当今名师李守玉从小承祖上真传，科学分析、灵活运用现代锻造技术，在原来传统工艺的造型古朴、发音洪亮等基础上将这一传统工艺品发扬光大，选料更为精良，做工更为考究。现主要有开道锣、大苏锣、小苏锣、中音锣和低音锣等20多个品种，另外还加工各类少数民族稀有乐器。

浚县李新寨的铜制乐器是典型的中国传统手工艺品，在整个民族铜制打击乐器中占有重要地位。它是我国古老传统技艺的珍贵遗存，发掘和抢救保护李新寨铜制乐器技艺势在必行。

• 妙手善回春——李氏中医正骨 •

清嘉庆年间的《浚县志》记载了这样一个传奇故事：“李士俊，以孝闻于乡党，车覆折其父胫骨，医不能治，忽遇一老妪，授其术立愈。”此记载虽然有一定的神秘色彩和偶然性，但李士俊确从此开始“以其术济人”而载于历史文献。至嘉庆六年（1801）《浚县志》成书时，快庄李氏中医正骨行医者已是李士俊的孙子李玉和曾孙李松年了。由此上溯，李士俊首创快庄中医正骨当在18世纪，距今约有300年的历史了。沿传至咸丰二年（1852）李廷贵（李氏中医正骨第九代传人）时，一代民间正骨有了新发展，从事正骨者较多，群众中有“喝下快庄水，会捏胳膊腿”的传说，尤以李廷贵一家较有名望，沿传其子李金榜、其孙李祥（1921—1997）和其重孙李好勤。

鹤壁浚县快庄李氏中医正骨，在发展进程中形成了自己独特的临床诊治医术和理论体系。其正骨的手法既可诊断，又可治疗。用文字表述用于诊断的摸、按、挤、叩、伸屈、旋转六法；用于治疗的牵拉、推挤、叩击等十法，用于理筋的揉、捏、推、按等八法，技法合称二十四法。看似简单，实则玄机深藏。诊治手法运用并不拘泥于固定模式，一般数种手法联合运用，加上患者配合默契，则动作连贯，一气呵成，从而达到“手随心转，法从手出，或拽之离而复合，或推之就而复位，或正其斜，或完其阙，则骨之截断、碎断、斜断；筋之弛、纵、卷、挛、翻、转、离、合，虽在内里，自悉其情，法之所施，患者不受其苦”的最高境界。

• 奇葩地方戏——落腔 •

落腔，又名乐腔，是河南省地方稀有戏曲剧种之一，因其尾音徐缓下滑，所以称为“落腔”。演唱的内容多为民间传说的家庭故事，通俗易懂，为群众所喜闻乐见。

清朝末年，淇县开始流行落腔。1947年三角屯开始成立落腔会，初始由爱好者置办必要器具，不久借戏装登台演出。初时演出剧目有《安安送米》《蓝桥会》《梁山伯与祝英台》等，主要演员有王瑞云（青衣）、耿义元（花旦）、王保存（红生）、王在俊（小生）、裴全义（丑）、苏万青（花腔）、苏桂华（女）和傅素芬（女）等。

落腔唱腔流畅活泼，接近民间小调，简明通俗，易学易用，旧时演出剧目以“三小戏”为主，只唱文戏，不演武戏。演出剧目多反映家庭生活，富有情趣，文

落腔表演

辞浅俗，生活气息浓厚，妇女儿童也可以看懂。新中国成立后，落腔经过不断改进和创新，新排了许多反映现实生活的好剧目。1954年，剧作家创作了大型剧本《康庄大道》。20世纪70年代后期，落腔吸收其他剧种之长，演员们排演了《刀劈杨藩》《斩罗通》《秦英征西》等大型剧目，丰富了落腔的适应力和表现力。

落腔唱腔声调圆润，宽厚洪亮，常见的板式有二板、三板、流水、慢板和捻板等。音乐去拍也很多，常见的有梦曲、迷子、推磨和簸麦子等。早期落腔伴奏乐器只有两把胡胡、一支竹笛。1956年以后增加了全套打击乐器及唢呐、二胡、笙、大低胡等。后又增加了两支大号和“四大扇”，增强了伴奏效果。

落腔具有浓厚的鹤壁地方特色，是河南地方戏中的一枝奇葩，并在长期的艺术实践中不断革新，创作由粗到细、由俗到雅，表演艺术日臻成熟完善。

• 淇边生死恋——白蛇闹许仙的传说 •

“白蛇传”传说源远流长，家喻户晓，是中国四大爱情神话传说之一，“白蛇闹许仙”则是“白蛇传”的源头主线。鹤壁市淇滨区有座山叫作黑山，山之南有座千年古刹“金山寺”，黑山之西10里有悬崖峭壁名“青岩绝”，上有大溶洞，人称“白蛇洞”。黑山之西1.5公里淇河岸边有个小山村叫许家沟。1 000多年前，“白蛇闹许仙”的故事就发生在这一带。

许家沟所倚的黑山，又名金山、墨山，古为冀州之地，是太行山的余脉之一。这里重峦叠嶂，淇水环流，林木茂盛，鸟语花香，环境清幽，亚赛桃源。早在魏、晋时期，左思就在《魏都赋》里记载了“连眉配犊子”的爱情故事传说：“犊子牵黄牛，游息黑山中，时老时少，时好时丑。后与连眉女结合，俱去，人莫能追……”后来这一典故衍化为“白蛇闹许仙”的故事，故事的女主人公也由“连眉女”衍变为白蛇。

当地民间传说，许家沟村一位许姓老人从一只黑鹰口中救出一条小白蛇。这条白蛇为报答许家的救命之恩，嫁给了许家后人牧童许仙。婚后，她经常用草药为村民治病，使得附近金山寺的香火变得冷落起来，也使黑鹰转世的金山寺长老“法海和尚”大为恼火，以“人妖不能相配”和“拯救许仙”为名，决心破坏许仙的婚姻，置“白娘子”于死地。于是，把白蛇擒拿镇压在金山寺塔中。白蛇在与法海的搏斗中，用法术引淇河水，淹漫金山寺。

据载，金山嘉祐禅寺创建于北宋嘉祐年间，以寺院所在的地名和创建年代而得名。在这一带民间流传的“白蛇闹许仙”故事，当成型于北宋后期。而“白蛇闹许仙”故事向江南一带的播迁，则与金人南侵、宋室南迁有关。宋高宗赵构晚年禅位后，住在临安（今浙江杭州）德寿宫中。他“喜阅话本”，“命内当日进一帙。当意，则以金钱厚酬”。出于“怀旧”情结，在他“龙兴”之地相州一带民间流传的“白蛇闹许仙”故事色彩奇幻、情节曲折，应是他喜欢听的故事之一。后来冯梦龙将其加工整理成《白娘子永镇雷峰塔》，把具有中原特色的故事情节演化成了具有江浙一带风格的“白蛇传”。这就成为宋、元时期“白蛇传”在杭州一带广泛流传的主要原因。

光阴似箭，倏忽千年，黑山的金山嘉祐禅寺目前尚有部分留存。南山头的雷峰塔却已坍塌为废墟，而当年白娘子在青岩绝修行的“白衣仙洞”至今香火旺盛。

•舞蹈也滑稽——逗金龟与蛤蚌舞•

逗金龟是鹤壁市传统民间舞蹈，起源于山城区石林镇军王庄，已有200余年的历史。该村临近羑河，自古以来屡遭旱涝灾害，村民以表演“金龟舞”等形式祈祷天地祥和、风调雨顺、保佑百姓安康。该民间舞蹈祖辈流传至今，曾起名为“渔童玩大鳖”“斗金龟”“逗金龟”“金龟舞”，是该村先民们依据传统戏曲故事《水漫金山寺》《西游记》中的情节等演绎而成的。

表演道具长2.8米、宽1.2米。参加表演的有两人，一人耍龟，一武童逗龟。龟颈能伸能缩，左右摇摆，龟颈下有铜铃数串，表演晃动中铃声不断；龟首仰上，随着龟颈的摆动伸缩还可以喷射水柱；龟身周围有布幔，龟壳周围悬挂有铜铃，龟尾朝地，表演中可放下龟蛋，抛撒下一个个乒乓球，喷射出一股股清水，通过小矮子步行走、跳跃、爬行、直立、蹉步，笨拙之中有敏捷，滑稽幽默。在舞童的引逗

斗金龟表演

下，龟首前伸后缩、左啄右咬，龟尿、喷水、下蛋等表演，情节动作大方又幽默风趣，滑稽可爱又不庸俗低级，一套完美的表演形式和独特的艺术风格已经形成。

“蛤蚌舞”又名“渔翁老人逗蛤蚌”，是鹤壁市山城区石林镇时丰村独特的舞蹈形式，取材于传统神话传说《哪吒闹海》的故事情节。道具为竹结构外蒙彩布的“蛤蚌”，表演时，村姑扮成仙女模样，在蚌内手拉蚌壳，时开时合，渔翁手持渔竿，引逗蛤蚌。整个表演相互呼应，滑稽幽默，妙趣横生。

• 民间有雅舞——高跷帏只 •

帏只曾流行于鹤壁市山城区石林镇军王庄。表演形式由清朝富人的“亮箱”的形式转化而来。当时富人将贵重的衣物珠宝之类，装在架子上，由侍人举着在大街上游走，五彩缤纷，人们叫它“美的”。该村一人受此启发，在杆子上系上飘带和铜铃，人举着杆子在街头巷尾舞动，架子上飘带五光十色，铃声悦耳，便成为民间舞蹈。该舞蹈时称“美的”，后来传成其谐音“帏只”（当地方言），再后来逐渐演变成使用高跷表演，以提高演出效果，最终形成了“高跷帏只”这种独特的舞蹈表演形式。帏只最大的特色是它具有庄严的阵势和轻盈妩媚的舞姿，走步准、腰部稳，旋转帏只用劲均匀，举止粗犷有力，给人以富有劳动人民特色的美感。

• 高低俯仰舞——高跷皇杠与挑轿 •

“高跷皇杠”与“挑轿”也叫“压卡卡”，是鹤壁市鹤山区鹤壁集镇窦马村和鹿楼乡元泉村与庞村镇庞村保留下来的传统舞蹈。据传，其时代背景一是源于北宋。大名府的梁中书残害黎民，把从民间榨取的珠宝、锦匹之类送往东京给蔡太师祝寿，由杨志带领众多民丁抬着运送。二是取材于隋炀帝向民间征收皇贡，民间把征收来的财物由抬夫送到京城，队伍后面坐“挑轿”的是押贡官，行进中轿子上下起落五六米，与抬夫在地下不能协调一致，再者皇杠低，观众看不清，于是抬夫加上蹉腿，与“挑轿”趋于平行，形式美观，造型统一，就形成了“高跷皇杠”与“挑轿”这两种融为一体的民间舞蹈。

• 纸里有乾坤——石林剪纸 •

剪纸是中国最普及的民间传统装饰艺术之一，有着悠久的历史。因其材料易得、成本低廉、效果立见、适应面广，样式千姿百态、形象普遍生动而受欢迎；它也较适合农村妇女闲暇制作，既可做实用物，又可美化生活。剪纸不仅表现了群众的审美爱好，也是中国最具特色的民间艺术之一。

石林剪纸分布在伯乐村、耿寺村、石林村等9个村落，主要集中在伯乐村及周边村落。会剪纸技艺的多达数百人，他们通过口授心传以达到世代传承。石林剪纸多应用于年俗窗花、婚庆剪纸、抬阁装饰、民间舞蹈故事和丧俗纸扎等，据传已有数百年历史。其中，窗花剪纸最为普及广泛。丧俗剪纸的延续也有五六代之久。传统的窗花表现内容有戏曲人物、翎羽花卉、鱼虫鸟兽以及吉祥象征物品，剪纸的材料主要有纸和颜料。制作工具有剪刀、自制刻刀、蜡盘和毛笔等。

归纳前人经验，技法主要有：

（1）线线相连与线线相断。剪纸作品采取镂空的办法。阳纹的剪纸线线相连，阴纹的剪纸必须线线相断，如果把一部分

石林剪纸——红楼梦大观园

线条剪断了，就会使整张纸支离破碎，形不成画面。因此就形成了千刻不落、万剪不断的结构，这是剪纸艺术的一个重要特点。剪纸的线条归纳为圆、尖、方、缺、线五个字，要求达到“圆如秋月、尖如麦芒、方如青砖、缺如锯齿、线如胡须”。

（2）刀法要“稳、准、巧”。民间剪纸在刀法的运用上要切不要划，切出来的剪纸比划出来的剪纸要显得厚实。用力要刚劲、均匀，握刀上下必须垂直，这样刻出的剪纸才会准确。“巧”主要是指运用巧刀刻的“锯齿”和“月牙儿”，这是剪纸刀法中很重要的两种，这两种刀法运用得恰当，就能形成剪纸艺术独具的“刀味纸感”。除此之外，还有诸如花朵、旋涡、云纹和水纹等。

石林剪纸品种繁多、丰富多彩，尤其发展至今，已经由原始的粘贴窗花发展到现在的精品工艺剪纸，广泛应用于镜框、挂轴和会场布置等，成为精美的艺术品。

• 制药救百姓——董氏中医痹症疗法 •

董氏中医痹症疗法是流传于豫北浚县一带的治疗痹症的传统中医疗法，该法流传300多年。

据董氏家传文献记载，董氏中医痹证疗法创始人董宗夏认为“痹者，闭而不通之谓也”，正气为邪所阻，脏腑经络不能畅达，皆由气血亏损、腠理疏豁和风寒湿三气得以乘虚外袭，留滞于内以致湿痰、浊血流注凝涩而得之。经其历代传人宗其祖宗之法，反复临床实践，至第六代传人董法禹，董氏中医痹证疗法从理论到临床实践已逐渐自成体系，遂成一派，名闻乡里。其临床所用董氏痹证系列药酒更具董氏特色，该药酒由秦艽、乌梢蛇、伸筋草、钻地风和千年健等30多种药物组成，炮制须用董氏特制内外双层酒坛，酒选浚县本地上等优良白酒，以新鲜艾段封口，置于锅内蒸煮，用火必用桑柴。

在清朝，董氏中医痹症疗法传人董文墨去世后，豫北社会贤达、名流士绅专门立“杏林谱荫”碑以纪念其在痹症治疗方法取得的成就。其后，董氏第八代传人董长春在痹证方面更是独有建树，造诣颇深，赢得乡党赞誉，1919年，42位各界名人共赠其匾额“杏林衣钵”，百世流芳。第九代传人董太安、第十代传人董恩科和第十一代传人董星河，在传承发展董氏中医乃至民族传统医药的历史长河中都闪耀着各自的光辉。

• 生活气息浓——浚县木旋玩具 •

浚县木旋玩具在汉唐时期已有雏形，到了宋朝时其制作工艺已经形成，明清至民国发展成熟并延续至今。木旋玩具的制作是比较复杂的过程，使用工具有脚踏旋床、大锯、中锯、小锯、斧、弯斧、榔头、钻、挖刀、大刀、毛笔和颜料等。作品古朴大方，无明显棱角，玩耍安全。

浚县杨玘屯木旋玩具历史久远，色彩鲜明，有着浓厚的民间特色和生活气息，深受广大群众和专家学者的好评，被民俗学专家称之为研究历史的活化石，具有很强的观赏价值、经济价值及研究价值。

• 嬉闹乡土美——善堂老秧歌 •

善堂老秧歌的表演艺术纯真质朴，乡土气息酣畅浓郁。由于其所演节目多为表现戏谑嬉闹、打情骂俏等生活内容，所以非常贴近生活。演出时打岔人数板说词，扯天道地，南辕北辙，驴唇不照马嘴；傻小子插科打诨，滑稽诙谐，妙趣横生；姜太公背妻真假人浑然一体，二鬼扳扭打撕扯，险象环生。老秧歌的音乐旋律简洁明快，易学易唱。其中既有领唱、合唱，一呼百应；又有二人对唱，悠扬抒情。老秧歌的20多种曲调《落窝腔》《花鼓调》《凤凰曲》《哈哈腔》《秧稻歌》《伞帽儿》等活泼清新，清脆甘甜；老秧歌的一百多个节目《杨八姐闹酒店》《祭塔》《戒酗酒歌》《全家福》《顶灯》《对花》《十二月》等扬善惩恶，寄托着民众对美好生活的向往和期望。尤其是《天上

善堂老秧歌

星星》等长曲，竟有百句之多，俨然一部民俗生活长卷，满纸琳琅，光辉夺目，充分展示了老秧歌的艺术魅力和迷人风采。

老秧歌的传承和发展，使我们看到了多种艺术门类进入老秧歌的原始脚步。其反映各个历史时期的民间生活内容承载了大量的历史信息，成为今人解读历史的真实依据。其纯朴的表演技艺和田园清歌般的说唱，确立了它在中华民族多元文化中的地位，从而使其具有历史文明与现代文明相融合的文化特质，起到了与民众忧喜相关的不可替代的精神作用。今后仍会对区域性精神文明建设，构建和谐社会，做出巨大的贡献。

• 手捏泥院落——康氏泥玩民居 •

康氏泥玩民居根植黄河故道，传承至今已有600多年的历史。其脉络清晰，构成历史延续性特征，形成了完整的工艺过程。康氏泥玩民居采用黄河故道沉积胶泥，经过过滤、沉淀、和泥，用手捏出房屋样式，很少使用工具，按传统民居营造理论布局，展现出传统民居的原始风貌，具有浓郁的地方乡情特色，又能唤起人们对历史的记忆。

康氏泥玩民居

康氏泥玩民居在长期的发展过程中，运用大胆夸张的手法表现传统民居，造型随意，充分体现出民居的时代沧桑感。其传统民居设计样式转换为儿童泥玩，全国独有，是现代民间泥玩具中不可或缺的施教玩具，体现了康氏泥玩民居的历史价值、文化价值和艺术价值。

• 布艺传心意——万福虎 •

浚县万福虎传承至今已有600多年的历史。长期以来，浚县万福虎形成了自己完整的工艺流程和制作技艺，严谨有序，层次分明。从精选布料开始，经过裁剪、

万福虎

缝制、填料、绘画、剪贴和刺绣七道工序，作品方脱颖而出。万福虎又分三个系列，即画虎、剪贴虎和绣虎。于虎头上绘出耳、目、口、鼻，虎身绘出各种花卉，成品为画虎。用多种色彩的布料剪成虎的耳、目、口、鼻和各种花卉，分别粘贴于虎的各个部位，成品为剪贴虎。三个系列中尤以绣虎难度最大，涉及刺绣中正针、横针、竖针、长针、短针、拉链针、交叉针、平行针、倒口针、倒锁针和扫针等十几种针法。

浚县万福虎完整地保留了各个时期的原始风貌，承载了一定的历史文化信息，成为今人解读历史的依据，是中华民族优秀的历史文化遗存，今后仍会对传承中华文明发挥不可替代的作用。

• 秘方显奇效——周氏喉科 •

周氏祖上遗传喉科专用器具手工铜制“自来风”和手工烧制“研锤”皆为清代早期制品，距今已有350多年的历史。经过这么多年的传承和发展，周氏喉科形成了自己独特的中医学术理论和临床诊疗体系。其主要诊疗医术既有传统中医的四诊合参，又有自创的喉症皆来自阴、阳、表、里、虚、实、寒、热的八纲失衡。周氏喉科认为，其临床表现一般为咽炎、喉疮、喉痈、喉头炎和烂沙喉等数十种，但每种症状的成因又各不相同，周氏喉科适症分别施以祖传秘方，均可立见奇效。特别是周氏中医喉科手术，更能挽救生命于既倒，实为中医学界所不多见，从而为中医学术界提供了新的研究课题。

• 表演难度高——耿寺高跷抬阁 •

山城区石林镇耿寺村的高跷抬阁远近闻名，在清光绪十七年（1891）之前叫抬阁，之后改为高跷抬阁。高跷抬阁是以木为架、以铁为芯的造型艺术，高达7米以上，多为三层。底层（第一层）有12名人员，头扎红巾，身穿彩服，踏着1.5米的高跷，4人为一组轮流抬阁，其余人员分列两边护阁。二层、三层均为古典戏剧的某个造型，例如《白蛇传》，二层由两个演员分别扮演青蛇、白蛇，身穿彩服，飘洒自如，许仙则手持拂尘高居第三层。抬阁人随着音乐节奏细步徐进，阁上演员随风而舞。每架阁除阁上化妆演员3至5人和抬阁人员12人外，尚有拿叉者4人，扶桌者4人，开道骑马者4人，放炮手2人，引旗8人等，表演队伍宏大。最多时，一次可以演出8组，村里的各个小组都会忙活起来准备这场表演。

以前山城区每年的正月十五、十六，最受人们关注的就是民间秧歌高跷队伍表演，敲锣打鼓，人声鼎沸，好不热闹。众多表演队伍中，耿寺村的高跷抬阁非常引人注目。不过，由于耿寺村的高跷抬阁规模大、难度大，表演方式复杂，花费自然

耿寺高跷抬阁

也多，一组抬阁的服装道具需要花费1万多元，再加上人工费那就更多了。因此，耿寺高跷抬阁曾中断了15年。2016年2月，该村村民自发筹集资金排练了两组，引起万人围观，重新引起了世人关注，这也体现出了民间传统文化的魅力。

2016年，耿寺高跷抬阁入选鹤壁市非物质文化遗产代表性项目名录。

城市名片

——诗河润新城

故人在其下，尘土相豗蹴。惟有黄楼诗，千古配淇奥。

——[北宋]苏轼《送顿起》

淇奥，源于《诗经》，《诗经·卫风》有《淇奥》一诗，描写的就是古代鹤壁淇河边的风土人情。鹤壁新区如今建有名为“淇奥翠境”的公园，亦是取意《诗经》。

淇河，古称淇水、响河、清水河，发源于山西省陵川县方脑岭棋子山，流经河南省辉县、林州、鹤壁市淇滨区、淇县，在浚县新镇镇淇门村以西的新小河口注入卫河，属于海河水系。

淇水虽也流经他地，却在鹤壁大放异彩。鹤壁，乃淇河的馈赠，不仅哺育了两岸人民，更成为一条涌现诗赋的文化河，闻名古今。在《诗经》的影响下，历代描绘淇河的诗歌层出不穷。诗歌，是古往今来的人们对淇水恩泽的代代相传的报答。

涓涓淇水流诗河

淇河流域面积2 142平方公里，每年平均径流量3亿立方米。流域内峰峦竞秀，千岩万壑，景致优美。千百年来，作为母亲河，淇河滋润了鹤壁这片神奇的土地，勤劳勇敢的淇河儿女更是在这片沃土上创造出灿烂的古代文明。淇河，不仅孕育了淇河儿女，也孕育、诞生了辉煌的淇河文化。淇河，一条盛产诗歌的河流。这里原野广袤，水秀山峻，滋养了春秋战国至唐代无数文人雅士的心灵和情怀，留下了众多脍炙人口的诗词歌赋和文学作品。其中《诗经·卫风》里的《氓》是我国第一首叙事诗，诗中写道："送子涉淇，至于顿丘。"这里的"淇"，说的就是淇河。我国文学史上除了长江、黄河，没有哪一条河流能像淇河这样被人垂青并颂咏，淇河的历史地位和曾有过的影响由此可见一斑。有代表性的诗歌如以下几首：

诗经·卫风·竹竿

籊籊竹竿，以钓于淇。
岂不尔思，远莫致之。
泉源在左，淇水在右。
女子有行，远兄弟父母。
淇水在右，泉源在左。
巧笑之瑳，佩玉之傩。
淇水滺滺，桧楫松舟。
驾言出游，以写我忧。

淇河

诗经·卫风·淇奥

瞻彼淇奥，绿竹猗猗。有匪君子，
如切如磋，如琢如磨。
瑟兮僩兮，赫兮咺兮，有匪君子，
终不可谖兮！
瞻彼淇奥，绿竹青青。有匪君子，
充耳琇莹，会弁如星。
瑟兮僩兮，赫兮咺兮，有匪君子，
终不可谖兮！
瞻彼淇奥，绿竹如箦。有匪君子，
如金如锡，如圭如璧。
宽兮绰兮，猗重较兮，善戏谑兮，
不为虐兮！

南乡子

淇水千古流，一河诗赋唱九州。润泽阎浮八千里，忱酬！荫庇昆黄到永久。卫武修篁幽，六七贤圣居宸楼。神勇荆轲疏大义，风流！骄子荟萃写春秋。

•民俗文化大观园——浚县古庙会•

浚县正月古庙会（每年农历正月初一至二月初二）、北京妙峰山庙会（每年农历四月初一至十八）、山东泰山东岳庙会（每年农历三月十五至十九）、陕西白云山庙会（每年农历四月初一至初八）通称“华北四大庙会”。其中，浚县古庙会尤以规模大、人客多、历时长而被称为“华北第一古庙会”。

《浚县志》《大伾山志》记载：大伾山、浮丘山上最早的庙宇中就有二郎神庙，并有道士主持香火，说明已有小规模的香火庙会。到了后赵，石勒皇帝听从西方高僧佛图澄（232—348）的建议，在大伾山东麓雕凿了大石佛。大石佛在大伾山的坐落，标志着浚县正月古庙会的形成。而古庙会真正兴盛起来是在浮丘山碧霞宫建成之后。碧霞宫内的碑刻记载，明嘉靖年间，浚县知县蒋虹泉在浮丘山主持修建碧霞宫，将千里之外的人都吸引过来进香，人们集结上山，进香朝拜。渐渐地，浚县正月庙会约定俗成。到明末清初，借庙会登山朝拜碧霞元君的活动进入了历史上的鼎盛时期。据现存的清顺治、康熙、咸丰等时期的碑刻记载，当时浚县及周边地区民间成立了众多的进香组织，影响广泛，波及今天的山东、河北等省。清代中期，正月庙会的规模更为扩大，碧霞宫山门内外拥挤不堪，场面失控，浚县知县为此发布告示，规整会场。

到了民国年间，浚县正月庙会又有

浚县正月古庙会场景

了空前发展，会期从农历正月十五一直持续到二月初，活动范围由大伾、浮丘两山扩展到县城的四关和四街，香客、游人来自河南、山东、山西、河北、安徽等省的数十个市县。高峰期每日人流量达30多万人。

浚县庙会的兴盛依托于大伾山和浮丘山。大伾和浮丘两山承载着庙会所延伸的文化渊源。可以说，浚县正月古庙会蕴含着丰厚的民间民俗文化。曾经有一位德国客人惊叹道：“浚县古庙会是世界上历时最长、规模最大的狂欢节！”

进入腊月后，各地的进香组织纷纷赶在庙会开始前来到浚县赁房，旅店、民房处处爆满，许多外地香客只好到县城周边的村庄寻找住处。远道而来的香客一般由会首带队，他们自带粮食、起灶做饭，大多要在这里逗留三天以上。香客们来到浚县时不论早晚，第一件事就是到碧霞宫进香朝拜。因此庙会期间的浮丘山每晚灯笼和火把排成长龙，碧霞宫夜夜灯火通明。各地的进香组织由会首挑着“朝山觐香”旗上殿朝拜，鞭炮声昼夜响彻浮丘山，殿前的香火池片刻不息。碧霞宫里里外外乃至整个浮丘山人头攒动，县城的四关四街人流如潮，城外的道路上车水马龙。城里的居民靠赁房和在会上做生意的收入便可维持一家人半年的生计。浚县古庙会是宗教文化与民俗文化相融合的大平台。人们赶庙会祈求平安幸福的习俗一直沿袭至今。祈神拜佛之后，人们总要购买红绒线，将自己的愿望“拴”在山中，“求子”的拴于石榴树枝，“求寿”的则拴于松柏枝头。传统的民间社火，扭秧歌、踩高跷、耍狮子、舞龙、骑竹马、演武术、划旱船等，热火朝天。尤为热闹的是农历正月十六，文艺团体纷纷登场。马戏团、杂技团、武术气功表演团，把庙会声势推向一个又一个高潮。书中在描写当年的情景时说：“四方以进香来谒元君者，辄号泣如赤子之离父母膝下者。”

浚县一年一度的正月古庙会闻名遐迩，是中原民俗文化的活化石，是原生态文化的缩影。2004年，浚县正月古庙会被列入中国民族民间文化保护工程试点项目；2008年，被命名为“河南民俗经典”。2009年以来，鹤壁市每年都会举办“中国鹤壁民俗文化节”，努力把浚县古庙会打造成为对外文化交流的名片。

• 中华第一古军校——云梦山 •

鹤壁淇县的云梦山是太行山的余脉。战国时，王诩曾隐居于这座大山深处的鬼谷，自号鬼谷子，教育和培养了一大批优秀的军事家和谋略家，如孙膑、庞涓、苏秦、张仪和毛遂等，他们都是当时叱咤风云的人物。因此，云梦山被称为“中华第一古军校”。

进入群山环抱中的一块小盆地，最先看到的是许多身经百战的将军来此参观后的题字。国防大学副校长王厚卿中将题

云梦山——战国军校

“军校之母，武学之师”；国防大学原副校长张霖将军题“古军校址”；军事科学院院长郑文翰将军题“演兵岭”，还有刘华清、迟浩田等将军的题字。因此，此地被中国人民解放军军事科学院确定为“中国古代军事思想研究基地”，被国防大学确定为“中国古代军事文化教育基地”。

鬼谷子有《鬼谷子》12篇传世，兵家称他为始祖，纵横家称他为先师。云梦山“鬼谷祠”牌坊上有副楹联“鬼谷三卷隐匡天下，兵家七国才出一门，”将鬼谷子学说的特点描绘了出来。另外，在云梦山上，他的学生也都有各自的洞室，如孙膑洞、庞涓洞、苏秦洞和张仪洞等，很像现在的单人宿舍。

孙膑洞口有副对联：“道讲刑名勋垂勃海，胸罗兵甲气镇风云。”洞内供奉孙膑塑像。孙膑是鬼谷子最得意的学生，是孙武的后裔，战国军事家，后被他的同学庞涓暗害，处以膑刑（去膝盖骨）。齐威王时，孙膑由田忌推荐为齐军师。马陵之战他身居辎车，坐为计谋，终于阵杀庞涓，制服强魏。所著《孙膑兵法》早年失传。1972年，临沂银雀山汉墓出土大宗竹简，经查明为《孙膑兵法》的有440片1 100字。庞涓洞外则杂草丛生，很少有人光顾，更无香火供奉。战国时他是魏国将领，曾与孙膑同学兵法，但他心术不正，嫉贤妒能，加害孙膑，后被乱箭射死在马陵道。

苏秦、张仪都是战国时的纵横家，一个在齐国为相，一个在魏国为相，各事其主。但他们都曾运用从鬼谷子那里学来的说服术，在“连横”和“合纵”上发挥作用。

毛遂也有个洞室，在鬼谷祠左下方，面积约有20平方米。成语“毛遂自荐”说的就是他，他是鬼谷子最小的弟子，有胆略，善言辩，曾是平原君门下食客。

战国英才，齐聚鬼谷，让后人赞叹。

演兵岭位于古军校北侧300米处，是鬼谷子带领他的学生摆兵布阵的地方。舍身台为一长80米、高15米的悬崖峭壁，当年鬼谷子招收弟子时，这里是第一张考卷：凡投师者必先攀绝壁而上，再由台顶跳下，以测试其武功基础和求学诚心。

· 生态宜居海绵城　塑造城市新名片 ·

2015年4月，鹤壁市成为全国首批16个海绵城市建设试点城市之一，也是我省唯一入选的省辖市。

自启动海绵城市建设以来，桃园公园、华夏南路、淇河国家湿地公园等多个示范工程扛住了大到暴雨的侵袭。暴雨过后，不少地方路面清新，难见积水，显露出海绵城市的生态效应，鹤壁正在向“会呼吸的城市”悄然变身。

桃园公园位于淇滨区兴鹤大街与朝歌路交汇处，2016年5月开园，这是我省首个按照海绵城市标准建设的综合性公园。公园内的道路和停车场多用透水材料铺装，透水性很强。根据植物特性，公园分为春华园、秋实园、芳香园、缤纷园和凌波园五个主题园，可实现三季有花、四季常绿，观花、观果、观叶相结合。公园不仅拥有开阔的空间，同时设计有应急饮水系统、应急广播系统和医疗仓储系统等应急避难保障体系。

总占地面积150亩的新世纪广场，是一个集市政、文化、娱乐和休闲为一体的多功能、综合性广场。每年4月至10月的周末夜晚，这里都会举办大型文艺演出，成为

广场人工湖

鹤壁新区华夏南路

全市各部门、各单位宣传、推介、展示自己的平台，被群众形象地称为“一座没有围墙的大剧场”，彰显了鹤壁这座中国优秀旅游城市的文化个性。

“城乡统筹，全域规划”和“构建单元组合型大城市”是新版城市总体规划最显著的特点。把鹤壁市市域2 182平方公里城乡空间作为一个有机整体来进行统筹规划，确定了“一心三星”，即以新区为中心，以老城区、淇县县城、浚县县城为组成单元，各单元之间分别以生态带、产业带和城镇带有机联系的单元组合型城市格局。加快新区与淇县县城一体化发展，逐步形成“一核双星”，即以新区、淇县县城、鹤淇产业带为核心，以老城区、浚县县城为组成单元的城市格局。

综合服务功能区位于鹤壁市新区南部片区西侧的淇河东岸，规划有金融大厦、商务大厦、星级酒店、会展中心、购物中心、沙滩浴场等设施。鹤壁按照“九星联珠——淇河十大建筑”的设计理念，将九座形态、高度各异的标志性建筑按照高低错落的原则布置在了滨河一线，与会展中心并称淇河十大建筑。

观景大厦状如层层叠叠或开或合的抽屉，让人想起曾隐居在鹤壁的唐代名医孙思邈，在五岩山上隐居行医，采药炼丹。抽屉内满是济世良药，治病救人。

煤大厦的三棱柱造型简洁有力，屋顶切角处如同煤块结晶，充满力量感，展示了鹤壁的龙头产业，为鹤壁煤炭产业树立了形象化的标志性建筑。

玉大厦整体造型简洁有力，白色的楼体色调象征“白玉无瑕”的美好寓意。

镁大厦造型的灵感来自于鹤壁的另一支柱产业——金属镁的生产加工。它的高度和造型与煤大厦相呼应，立面处理了更多转折和反射面，如同金属镁一般的闪烁。

冬凌草大厦的造型灵感来自于“淇河三珍”中的冬凌草。冬凌草能清热解毒，活血止痛，更是优秀的天然抗生素，被誉为“仙草”。大厦扭转的造型象征冬凌草的生长，充满生命活力。

淇鲫大厦（金融大厦）造型灵感来自于“淇河三珍”之一的淇河鲫鱼，其脊背宽厚，体型丰满。淇鲫大厦不光以其绝对的高度成为淇河沿线高层建筑群中的翘楚，其流线型的造型充满了动感，更是整个城市沿河新区的中心。大厦顶部的球形观景设施如同城市之目，能将整个新区尽收眼底。

莲鹤大厦（联合大厦）造型如同著名的莲鹤方壶，稳重端庄，建筑立面上的篆体“鹤”字若隐若现，白天阳光下和夜间灯光开启时呈现不同的梦幻效果。

龙门大厦由两栋塔楼和其顶部的连接体组成，造型庄重，如同一座大门架设在珠江路上，从高铁车站出来经珠江路往滨河综合服务功能区的人们会被它深深地震撼，同时也迎接从大桥上来的人们，像是鹤壁人民张开双臂欢迎四面八方的来客。

帆旗大厦作为滨河综合服务功能区南部的“门户建筑”，造型刚健而不失婀娜，立面晶莹剔透，在碧水蓝天下，体型扭转之间，如同一艘扬帆远航的船，又如同迎风飘扬的旗帜。

会展中心为滨河广场上一座独特的地景建筑。造型来自于“淇河三珍”中的缠丝鸭蛋。“金丝伴银线，精品缠丝蛋”是中国的名贵特产。建筑顶部的同心圆状如剖开的缠丝鸭蛋，夜晚会展中心顶部的采光顶棚向上散发出各种颜色的光线，与广场的景观灯组以及音乐喷泉共同组成梦幻般的沿河人文风景。

随着淇河十大建筑的建成，一处充满活力并具独特滨水环境特征的综合型、开放型、生态型标志性城市空间正在逐步展现。